打着队旗访云间

干桂凤 主 编
高 阳 孙荟涵 副主编

东华大学出版社·上海

图书在版编目（CIP）数据

打着队旗访云间 / 干桂凤主编 . — 上海：东华大学出版社，2022.5
　ISBN 978-7-5669-2052-2

Ⅰ. ①打… Ⅱ. ①干… Ⅲ. ①中国少年先锋队 — 少年先锋队活动 — 概况 — 上海 Ⅳ. ① D432.51

中国版本图书馆 CIP 数据核字（2022）第 059752 号

责任编辑　周慧慧
封面设计　曾国铭

打着队旗访云间
DAZHE DUIQI FANGYUNJIAN

干桂凤　主编

出版 发行	东华大学出版社出版（上海延安西路1882号　邮政编码：200051）
营 销 中 心	021-62193056　62373056
出版社网址	http://dhupress.dhu.edu.cn/
印　　　刷	上海龙腾印务有限公司
开　　　本	787mm×960mm　1/16
印　　　张	19.25
字　　　数	341 千字
版　　　次	2022 年 5 月第 1 版
印　　　次	2022 年 5 月第 1 次印刷
书　　　号	ISBN 978-7-5669-2052-2
定　　　价	88.00 元

推荐序 | FOREWORD

推进"15分钟社区少先队幸福圈"的新创造

中国少先队工作学会副会长、
上海市少工委主任、上海市少先队总辅导员　赵国强

由松江区少工委牵头策划，区少先队总辅导员干桂凤老师主编的又一本新作《打着队旗访云间》诞生了，可喜可贺！这本书彰显了社区是丰富广阔的大课堂，实践是多才多艺的好老师，少先队具有校内校外"两个领域"、课堂课余"两个时间"的优势，形成了校内外有机联动，少先队员普遍受益的少先队社会化工作新局面。

一是尊重队员主体，提升参与热度。 本书在着力讲好"儿童化政治"，充分研究了少先队员的年龄特点、成长特性和"双减"政策落地后各方需求期待，不断加强社区少先队员活动供给，开设"行走中的队课"，探索富有"代入感""亲近感""时代感"的活动方式，激发了少先队员融入"15分钟

社区少先队幸福圈"的内在动力。依托"打着队旗访云间"建设不断深入，松江少先队不断完善社区少先队组织体系，夯实少先队在全区社区内的组织覆盖。

二是调动家长热情，体现家庭温度。"打着队旗访云间"访出了"就近就便、功能互补"的活动空间，也为家长们创造了"合作共事"机会。松江少先队持续加大家长典型挖掘力度，组织一批有育儿经验的家长们走向社区，带领孩子们"从灯光下到阳光下"，策划翻新了寻访活动的新花样，让队员们在"沉浸式"活动中得到深刻感悟。

三是整合多方资源，强化推进力度。以青少年活动中心为少先队迈向社会的重要支点，推进建队、完善少工委运行机制，助推"打着队旗访云间"不断夯实。将社区内各类场馆作为少先队迈向社会的重要支撑，打造实践地图，组织孩子们打卡点亮红领巾奖章。引导队员争做"红领巾讲解员"，从"我来听"到"我来讲"，把有深度的故事讲得有温度、把有精神的故事讲得更精彩。

少先队工作抓住的是当下，传承的是根脉，面向的是未来，攸关党和国家前途命运。让我们以对党负责、对事业负责的政治责任感和使命感，学深悟透习近平总书记对少年儿童工作重要论述深沉的情感关怀、深邃的历史洞察、深远的战略谋划，进一步激发上海少先队员身处"党的诞生地、初心始发地"的光荣感，力争为新时代党的少年儿童事业做出新的更大的贡献！

目 录 | CONTENTS

四史润童心　队旗访云间
　　——记"打着队旗去考察"小队寻访活动 / 干桂凤　// 001

基地一　侯绍裘革命烈士红色教育基地　// 009

基地简介　// 011

人物故事：侯绍裘　// 012

小·知识测一测　// 020

实践活动方案　// 021

　活动方案一　时刻准备着　向革命先烈侯绍裘致敬
　　　　　　　——小队寻访活动　// 021

　活动方案二　传承红色基因　争做时代新人
　　　　　　　——二年级入队仪式　// 027

　活动方案三　走近优秀党员　学习先锋榜样
　　　　　　　——四年级"向日葵章"颁章仪式　// 035

打着队旗访云间

基地二　陈云与松江地区农民暴动史料馆　// 043

- 基地简介　// 045
- 人物故事：陈云、吴志喜、袁世钊　// 046
- 小·知识测一测　// 053
- 实践活动方案　// 055

　　活动方案一　枫泾暴动震江南　厚植红根育新人
　　　　　　　——小队寻访活动　// 055
　　活动方案二　走近农民暴动　播撒爱国火种
　　　　　　　——小队寻访活动　// 060
　　活动方案三　寻"枫泾暴动"足迹　悟革命先辈精神
　　　　　　　——小队寻访活动　// 066

基地三　上海市松江烈士陵园　// 073

- 基地简介　// 075
- 人物故事：顾桂龙、吴光田、夏秋生　// 076
- 小·知识测一测　// 083
- 实践活动方案　// 085

　　活动方案一　缅怀先烈　感悟精神
　　　　　　　——小队寻访活动　// 085
　　活动方案二　弘扬英烈精神　继承先烈遗志
　　　　　　　——五年级中队祭扫活动　// 089
　　活动方案三　人大领巾大　人大责任大
　　　　　　　——六年级换戴大号红领巾仪式　// 097

目录

基地四　红色堰泾党建文化长廊　//105

- 基地简介　//107
- 人物故事：顾杏生、蒋梯云、叶定远　//108
- 小知识测一测　//114
- 实践活动方案　//116
  - 活动方案一　过重阳　乐劳动　传非遗
    ——小队寻访活动　//116
  - 活动方案二　童心向党　筑梦启航
    ——三年级10岁集体生日仪式　//121
  - 活动方案三　传承五四燃青春　强国有我心向党
    ——14岁集体生日会暨入团仪式　//129

基地五　松江道桥文化展示馆　//137

- 基地简介　//139
- 人物故事：赵祖康、陈子龙　//140
- 小知识测一测　//145
- 实践活动方案　//147
  - 活动方案一　走家乡桥　悟云间情
    ——小队寻访活动　//147
  - 活动方案二　爱路护路　乐行松江
    ——"红领巾新风尚"大队环保行动　//151

3

基地六 云间粮仓 // 157

- 基地简介 // 159
- 人物故事：袁隆平、陈永康、李春风 // 161
- 小·知识测一测 // 168
- 实践活动方案 // 170

  活动方案一 走进云间粮仓 争做节粮小卫士
  ——小队寻访活动 // 170

  活动方案二 做一粒新时代的好"种子"
  ——三年级中队主题活动 // 175

  活动方案三 珍惜粮食 争做"光盘侠"
  ——四年级中队主题活动 // 180

基地七 松江城市发展规划馆 // 187

- 基地简介 // 189
- 人物故事：黄道婆、陆机、陆逊 // 190
- 小·知识测一测 // 198
- 实践活动方案 // 199

  活动方案一 寻访城市规划馆 争当小小解说员
  ——小队寻访活动 // 199

  活动方案二 人民城市人民建 祖国发展我成长
  ——中队主题活动 // 203

目录

基地八 黄桥村 // 209

- 基地简介 // 211
- 人物故事：孙学文、陈继明、干益光 // 212
- 小知识测一测 // 220
- 实践活动方案 // 222
  - 活动方案一 红领巾走进新农村
    ——小队寻访活动 // 222
  - 活动方案二 红领巾约会春天 草莓采摘乐趣多
    ——小队寻访活动 // 227
  - 活动方案三 丰收的金秋 劳动最光荣
    ——二年级中队主题活动 // 229
  - 活动方案四 走进希望的田野
    ——四年级中队主题活动 // 238

基地九 长三角 G60 科创走廊规划展示馆 // 243

- 基地简介 // 245
- 人物故事：刘云峰、王少白 // 246
- 小知识测一测 // 252
- 实践活动方案 // 254
  - 活动方案一 科技创造未来 科技点亮生活
    ——小队寻访活动 // 254

5

活动方案二　牢记铭言　引领青春

　　　　　　　——七年级中队铭言宣誓仪式　　　// 258

　　活动方案三　体验科技之光　感悟创新之美

　　　　　　　——红领巾科技节大队启动仪式　　// 266

基地十　洞泾乡镇企业历史陈列馆　　// 271

基地简介　　// 273

人物故事：陈洪凌　　// 274

小知识测一测　　// 277

实践活动方案　　// 279

　　活动方案一　改革开放新发展　童眼慧心看家乡

　　　　　　　——小队寻访活动　　// 279

　　活动方案二　追寻改革足迹　传承先辈精神

　　　　　　　——中队主题活动　　// 283

　　活动方案三　祖国发展我成长　五星红旗迎风扬

　　　　　　　——五年级毕业典礼暨五星红旗章颁章仪式　　// 289

后记　　// 295

四史润童心　队旗访云间
——记"打着队旗去考察"小队寻访活动

　　松江位于上海市西南部、黄浦江上游，具有优美的自然环境和悠久的历史文化，被誉为"上海之根、沪上之巅、浦江之首、花园之城、大学之府、制造重镇、科创走廊、旅游胜地"。松江是建设长三角G60科创走廊策源地，是上海高端制造业主阵地和科创中心重要承载区；松江拥有汇集13所高校的全国最大大学城，有独具优势的高校学术和大学生志愿者资源；松江有众多历史人文古迹与红色文化，亦不乏历史名人，董其昌、侯绍裘、夏允彝……

　　当代少年儿童便是浸润在科创融合发展、人文底蕴丰厚、生态环境优美的松江土地上成长起来的。新时代如何引导队员从灯光下走到阳光下？如何策划深受队员喜爱的活动项目，引导队员亲近自然、提高社会实践能力？如何引导队员在社会实践活动中践行社会主义核心价值观，提高队员人文综合素养？基于松江地域优势及国家对未来社会主义建设者人才要求，2018年松江区少先队"打着队旗去考察"小队寻访活动应时而生。

　　此项目活动以学习党史、新中国史、改革开放史、社会主义发展史内容为依托，挖掘一批具有松江地域特征且适合少年儿童开展"四史"学习的实

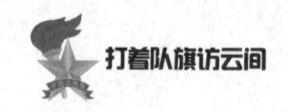

践教育基地；组织广大少先队员在主题鲜明的实践教育活动中砥砺品格、增长本领，提升活动实践能力，突出少先队实践育人特色；引导队员在考察活动中，感悟松江光荣的历史文化，感受在党的领导下家乡建设及人民生活的新变化，引领少年儿童坚定不移听党话、跟党走的信念。

在党中央及各部门关心重视少先队工作的大好前景下，2021年上海少先队积极打造"15分钟社区少先队幸福圈"，引导少先队员立足社区、立足家庭，就近就便参与活动。"打着队旗去考察"小队寻访活动作为区域少先队品牌项目，在新时代如何进一步发挥队组织优势，发挥家庭、学校和社区协同作用，营造队员幸福成长的家园？笔者将此活动进行回顾梳理并作后续思考。

一、内容与特色

（一）主要内容

"打着队旗去考察"小队寻访活动作为推进少先队工作社区化主要方式，参加的对象是二年级到八年级的每一位少先队员。结合松江人文地域资源，选择十个实践考察基地，为队员提供开展四史教育实践场所。十个基地分别为：侯绍裘革命烈士红色教育基地、陈云与松江地区农民暴动史料馆、上海市松江烈士陵园、红色堰泾党建文化长廊、松江道桥文化展示馆、云间粮仓、松江城市发展规划馆、黄桥村、长三角G60科创走廊规划展示馆、洞泾乡镇企业历史陈列馆。这些基地中既有凸显党史教育内容的革命烈士纪念馆，如"陈云与松江地区农民暴动史料馆"；也有凸显时代特色的实践基地，如"长三角G60科创走廊规划展示馆""上海市首批乡村振兴示范村——泖港镇黄桥村""松江城市发展规划馆"等。这些基地随着社会的发展和城市的进步而产生，时代特征明显。

在过去几年的寒暑假和节假日，广大少先队员走入农村、街道、场馆、园区等，开展访谈、讨论、观察、摄影等活动；2020—2021年结合线上互动，队员走进家乡、了解家乡，走进历史、了解历史。开展方式主要依托学校层面组织与各街镇社区少先队组织。（1）学校层面要求二至八年级队员在学校大队部统一部署下，每个年级都有年级寻访活动口号和特色队旗。每个中队组建1—2支寻访小队，活动志愿辅导员来自家长志愿者、社区志愿者等，让更多的少先队员从"学校小课堂"迈向"社会大课堂"。活动结束后队员利用学校微信平台推送寻访成果。（2）各街镇社区少先队把"打着队旗去考察"小队寻访活动作为社区活动必参内容之一，社区少先队组织的寻访小队成员打破年龄界限，队员自由组建小队，由社区志愿者带领自主开展活动。

区级层面通过赛事活动进行宣传及成果展示，如2019年松江区少工委围绕"打着队旗去考察"小队寻访活动，面向全区少先队员组织开展了创意摄影大赛、微视频大赛等。通过遴选优秀作品，引导队员树立正确审美观念，激发想象力和创新意识，向新中国成立70周年献礼。活动得到队员家长的积极响应，共收到近200件作品，真实记录小队寻访最美瞬间与创意瞬间，展示70年来家乡、祖国的发展变化。

（二）活动特色

"打着队旗去考察"活动突出社会参与。以社会为课堂，引导队员们走出校门、接触社会、接触大自然，体现了资源广泛整合、队伍有效动员和队员积极参与的新时代少先队社会化工作特点。

1. 资源广泛整合

自2018年以来，除了10个定点基地寻访，队员们的足迹已到过了大上

海的东南西北。金山的现代海滩、中共一大会址……也留下了队员的身影。区少工委号召各学校积极搭建平台，开拓领域，调动资源，拓展"打着队旗去考察"的活动阵地。许多学校结合学校资源优势，拓展了有主题的考察活动项目。如东华附校的"环大学城"时代之旅，凸显了"打着队旗去考察"活动对区域资源的良好整合。队员打着队旗考察城市规划馆的过程中，对东华大学的选址产生了好奇，在大学生志愿者的带领下，了解了当年东华大学校址选定松江的缘由，由此开启了各个大学纷纷驻足松江，建成了沪上闻名的"松江大学城"，助推了松江的城市发展。队员们在考察学习中体会到改革开放浪潮中家乡人民身上具有的顺应潮流，敢为人先，高瞻远瞩的时代精神。

2. 队伍有效动员

小队寻访活动开展以来，建立起一支理想信念坚定、热爱少年儿童、工作能力突出的志愿辅导员队伍。校级层面定期召开学校教师辅导员会议，充分发挥辅导员的积极性、主动性、创造性；学校少工委聘请各条战线的先进人物及"五老"（老干部、老战士、老专家、老教师、老模范）担任寻访活动少先队校外辅导员；各小队成员自主聘请家长辅导员担任活动指导及后勤保障等工作。如松江区第二实验小学管辰心家长谈到：作为二实小校外辅导员，我能带领小队员们一起打着队旗去考察，是一件非常有意义的事情。在考察活动中，我感受到了孩子们的收获。小队员们不仅增进了对家乡的了解，感受到祖国的繁荣昌盛，而且也树立了作为一名光荣的少先队员的自信心。他们体会到了正是先辈的英勇付出和艰苦创业，才有如今的美好生活，所以更懂得要珍惜来之不易的美好生活，并暗暗下定决心：好好学习，为长大报效祖国而努力。

3. 队员积极参与

在小队活动中队员们自己的活动自己搞、自己的辅导员自己聘、自己的伙伴自己帮、自己的进步自己争，在实践活动中自主管理、自我教育。如松江区某小学考察活动方案的确定过程就充分发挥了队员的主体作用。首先学校大队部在少代会上发起考察活动倡议，要求各中队制定考察活动的方案，经过队员们商量，在中队辅导员启发下，各小队自主设计各类小队寻访活动方案，部分方案参加了大队部优秀方案评选。由于这些方案来自队员们集体智慧，因此在后续开展的"打着队旗去考察"活动中，每一名队员的参与热情无比高昂，对活动的实践体验更为深刻。

二、活动成果

1. 奠定对家乡的文化认同

文化是民族的血脉，是人民的精神家园。队员们在"打着队旗去考察"活动的过程中，了解家乡经济发展历程、知晓历史人物贡献。引发了队员们对保护、传承家乡传统文化的思考和感悟，激发了对云间文化的热爱，点燃了队员们心中的家国情怀，以期文化认同在考察活动中自然发生。

2. 促进队员自主发展

考察过程中，队员们开展实地考察、学习体验、人物访谈等。他们以小队为单位策划活动，查阅相关资料，并将考察成果形成调查报告、制作微视频。活动让更多的队员参与其中，乐在其中，实现从辅导员和家长的引领向队员们自主开展的转变。东华大学附属实验学校大队辅导员沈达表示：从最开始的寻访松江到创建全国文明城市期间向市民宣传文明游松江，在这个过程，队员们变得更加自主自信，同时也提高了发现问题、解决问题的能力，认识到了"城市建设　领巾有责"的重要性，培养了队员主人翁意识和责任意识。

3. 创新少先队活动评价方式

在全区深入开展"打着队旗去考察"活动的过程中，亦涌现出了许多创新的少先队活动评价方式。如队员在小队寻访实践手册上以贴纸的形式记录下寻访过程足迹；有学校对于积极参与考察的队员，将队员的收获感悟等过程性资料上传平台，经大队部审核通过后，给予队员以校本章的奖励，为学校每学期评选"活力队员"提供依据，从而大大提高了队员参与考察的积极性。

4. 增进家庭亲子关系

"打着队旗去考察"活动受到了家长的全力配合，在考察活动中，家长们不仅提供了许多活动阵地资源，许多家长还自告奋勇地担任起了活动中的家长辅导员角色。担任义务讲解，联系寻访地点，为活动顺利开展提供有力支持保障。如民乐学校三（1）太阳中队一位在法院工作的家长，邀请自己孩子及中队的队员们考察法院。那位孩子通过深入考察父亲的单位，在了解了父亲的工作状态后，就不再抱怨父母工作忙碌无法陪伴自己了；而父亲在担任家长志愿者的过程中，深度了解了自己孩子在队员中的伙伴关系，与孩子的话题就更多，更亲密了。

"打着队旗去考察"活动提供了亲子共访的平台和契机，加深了父母与孩子之间的亲子关系。活动自开展以来得到了家长们的高度评价，东华附校陈馨家长谈到：陈馨作为七（5）中队假日小队的队长，带领着队员们走进东华大学的校园，感受到书香，感受到大学的氛围。在学习"四史"的过程中，孩子们更加知晓一座城市、一所大学所走过的艰难道路，这些经历会让孩子更加珍惜现在的生活，更加努力地学习，为成为新时代的新人而拼搏奋进。作为一名家长，深切地感受到孩子们在活动中共同学习、共同进步，我也愿意跟着孩子一同成长。

三、后续思考

"打着队旗去考察"小队寻访活动，引导队员"从灯光下走到阳光下"，感悟红色基因、助力家乡发展。在当前"双减"背景下，立足上海少先队"幸福教育"，努力使此项目成为少先队员喜欢的品牌。培养队员成长为善于感受幸福能力、且持续在幸福的环境中获得幸福成长的人，未来也需要在不断实践和探索中推进优化。

1. 基于"少先队改革"的评价模式优化

为了保障活动实效，进一步优化评价激励机制，区少工委着手开发网络评价电子系统。设想队员在每一个实践基地考察结束，通过扫码答题形式检验考察学习成果，顺利完成答题挑战即可获得一枚电子章。当集满一定数量的电子章，系统后台自动生成一枚"打着队旗去考察"终章。终章将作为队员争获"红领巾"奖章重要参考依据。

随着"争章入队""争章推优"等相关文件的出台，如何结合区情、校情，形成有效的入队、入团制度衔接，成为了值得思考的问题。由于"打着队旗去考察"活动参与面广，贯穿了二年级到九年级。可结合最新的"争章入队"要求，将"打着队旗去考察"活动中的表现纳入"争章入队"评价体系，使评价模式更完备、严谨。亦可将队员在"打着队旗去考察"活动中的表现作为七年级"推优入团"超标加星的重要评价指标，既保证了活动的有效性，也形成了具有区域、校本特色的"争章推优入团"评价制度。

2. 基于"双减"背景下考察基地挖掘

"双减"背景下队员拥有更多的时间走向社区，结合原有10个实践基地资源，需积极拓展考察内容、创新考察方式，挖掘一批具有时代特征且适合少年儿童开展四史教育的实践基地。如围绕"绿色出行"理念，引导队员们

围绕"松江9号线"各站点附近资源挖掘实践基地；又如引导全区少先队员围绕上海市"15分钟社区少先队幸福圈"争章15事，利用社区资源、家长资源，就近就便创设"临时"考察基地，在考察活动中锻炼实践能力，感受在党的领导下家乡建设及人民生活的新变化。

3. 基于"人民城市"理念的考察内涵深化

上海是世界观察当代中国的一扇窗口，少先队员是世界观察当代中国少年儿童的一个缩影。作为人民群众中的一支重要力量，少先队员不应该只是人民城市发展的受益者、见证者，更应该"以我所能"，弘扬人民城市理念，成为城市建设与发展休戚与共的践行者和参与者。基于打着队旗去考察活动的基础，后续将鼓励队员主动参与城市建设，如开展"社区建设创艺涂鸦""动手布置社区景观"等活动，积极融入上海市"15分钟社区少先队幸福圈"，深化活动内涵，积极践行"人民城市人民建　人民城市为人民"的理念。

千桂凤

基地一 侯绍裘革命烈士红色教育基地

基地一　侯绍裘革命烈士红色教育基地

基地简介

侯绍裘，松江第一名中国共产党人，五卅爱国运动的参与和领导者，江苏松江（今属上海市）人。他积极参加五卅运动的组织工作，是上海和江苏群众运动中有影响的领导人之一。

侯绍裘 1918 年考入上海南洋公学。五四运动中，他积极参加声援活动，并担任了上海学联教育科书记。为宣传革命，他与同乡先后编辑发行了《问题周刊》《松江评论》，宣传科学民主，反对因循守旧，反对封建迷信；宣传社会主义，介绍俄国十月革命和孙中山先生提出的三民主义。1921 年他加入了国民党，1923 年又加入中国共产党。大革命时期，侯绍裘先后担任过国民党江苏省党部执行委员会常务委员、宣传部副部长，国民党江苏省党部中共党团书记、江苏省政务委员会委员、上海特别市政府委员。在与国民党右派的斗争中，他始终站在最前列。他非常注重妇女解放，曾变卖家产与朱季恂共同接办了被迫停办的私立景贤女校，并受苏州乐益女中聘请，担任校务主任兼教员。在乐益女中，他秘密地建立了苏州第一个中共组织——中共苏州独立支部。1927 年 4 月 10 日，国民党右派在南京逮捕和杀害革命者。他在召集有关人员商量应对措施时被捕。敌人对他严刑拷打，刑讯逼供，软硬兼施，都没能动摇他革命的信念。他宁死不屈，最终惨遭杀害，年仅 31 岁。

1987 年，松江县（今松江区）委在松江二中为侯绍裘烈士树立了半身白玉塑像。在侯绍裘烈士塑像所在的草坪上，松江区开展各类党团活动、仪式教育，无数青少年的爱国热情被激发、民族精神被培育。红色基因在此代代相传。

人物故事：侯绍裘

故事一　艰难困苦求学，时代先锋楷模

在中国上海市松江区有一颗闪亮的启明星。他，就是中国共产党早期领导人之一、松江第一位中国共产党党员——侯绍裘。

1896年6月4日，侯绍裘出生在松江城内丰乐桥（今谷阳北路东近中山中路口）东堍的一个没落地主家庭。父亲侯文轩曾经是一名秀才，后来弃儒经商，同别人合资开了参药店。他10岁那年，参药店倒闭，父亲去世，家道中落。经历了家庭变故的侯绍裘，从小养成了艰苦朴素的生活习惯，在成长中渐渐对劳动人民产生同情。

侯绍裘4岁上私塾，13岁进华娄高小，17岁考入江苏省立第三中学。他自幼勤奋好学，多才多艺，能写一手好文章，绘画、篆刻、箫笛吹奏，样样在行，他热爱科学，喜欢科学读物，憎恶迷信；他也爱读史书，对家乡的抗清斗争历史尤其熟悉。他常常在作文簿的空页上画岳飞、文天祥等民族英雄的画像。他很早就萌发忧国忧民的思想，深切同情劳苦农民，着意探索祖国贫弱的原因，对国内外大事往往有自己独到的看法。

侯绍裘中学一年级到上海参加活动时，发现师生连过租界的自由都没有，他愤愤不平，痛感民族耻辱。在博物馆参观时，他心潮起伏：

基地一　侯绍裘革命烈士红色教育基地

"我中国物产之富，亦可见一斑矣，乃患贫若斯！其故当别有在。"

1917年春，21岁的侯绍裘从江苏省立三中毕业，之后到上海南洋中学进修了一年英语课程，1918年8月以全校第二名的成绩考入上海南洋公学，攻读土木工程专业。进入南洋公学后，侯绍裘学习非常刻苦，第一学期结束，他的成绩列全班第一。

侯绍裘坚持刻苦努力学习，立志为祖国奉献自己的一生。他的生命虽短若流星，但是他的精神却灿若长虹。侯绍裘烈士的所有英雄事迹虽无法在此一一呈现，但他的故事早已被熟知，他的革命精神在我们的心中深深铭刻。

学生读后感

今天我读了侯绍裘的故事，知道了他的父亲在他10岁时离开了他。侯绍裘生活艰苦朴素，但是他依然发奋读书，没有一丝抱怨，并一心牵挂着国家。他热爱读历史，关心国家大事，积极组织和参加爱国运动和革命斗争，最终成为了一名为追求民族独立和国家富强而积极探求救国救民真理的先进分子。

最让我印象深刻的是侯绍裘在中小学时期经常在作文簿上画岳飞、文天祥等民族英雄像。这说明侯绍裘在很小的时候就把岳飞、文天祥视为自己学习的榜样。这让我想到习近平爷爷对我们少先队员说过的话："从小学先锋，长大做先锋，努力成长为能担当民族复兴大任的时代新人。"

新时代，我们的国家涌现出一批批推动社会进步和发展的人，如女

> 航天员王亚平、抗击非典型肺炎的钟南山和疫苗研发团队的李兰娟，等等。他们是我心中的先锋人物，我要向他们一样努力学习，长大后报效祖国，为祖国的繁荣昌盛努力奋斗！
>
> ——上海市松江区中山小学四（7）中队　孙楚研

故事二　一心投身革命，办学办报为国

1919年，中国一份具有影响力的革命期刊——《新青年》诞生。这本杂志在五四运动期间起到了重要作用。侯绍裘也深受《新青年》的影响，他逐渐认识到文学对社会改造和革命的重要性。当时的侯绍裘虽然在南洋公学尚未毕业，但他利用暑假时间，和同学们一起创办了一份杂志——《劳动界》，内容以宣传爱国、求知等救国思想为主。

1920年暑假，侯绍裘回到松江，创办了男女同校的暑期补习班，又和钱江春、赵祖康等八位同学出版《问题周刊》。在这本杂志上，这批满腔热血的青年们想要研究社会上最迫切、最需要解决的问题，目的在于解救受苦受难的同胞们。但不幸的是，《问题周刊》仅仅维持了4期。南洋公学认为侯绍裘的"言行举动"太过激烈，影响极差，便劝侯绍裘退学。就这样，侯绍裘被迫结束了学校学习生涯。退学之后的侯绍裘便励精图治，决定前去宜兴和桥彭城中学任教，在课余时间还编写《自然科学常识》教材。

1921年7月，松江唯一的一所女子中学——景贤女中，因为没钱

办学而准备停办了。侯绍裘知道这一消息后,感到非常惋惜,他心想如果景贤女中关闭了,将会对松江的女子学习进度产生极为不利的影响。因而他四处奔走,发动松江乃至整个上海热心于教育事业的人士,想方设法保全景贤女中。景贤女中在侯绍裘等人的努力下终于恢复了办学,当时,学校共 11 名兼职教员都只领一半薪水,他和朱季恂不仅完全尽义务不领一分钱工资,而且还瞒着家庭,拿家里田契抵押借钱,甚至变卖田产来资助办学。终于在众人的努力下,景贤女中一时成为江浙地区的著名女校。

侯绍裘在景贤女中办学时,除了日常课程,他还特别重视教育学生们要关心国家大事,希望景贤女中的学生们都能培养独立思考和语言表达的能力。同时,他对演讲也十分重视,每两周他就要在周末组织一次演讲会,鼓励学生们表达自己对当前国家时事的看法和建议。

当时的景贤女中就是侯绍裘宣传革命思想的阵地,他们利用景贤女中这片沃土,团结松江各界的有识之士,扩大和加强社会主义思想宣传,推进松江革命运动,同时也培育了一批共青团员。叶圣陶先生曾这样评价侯绍裘:"他真正做到把教育和革命结合了起来。"

侯绍裘满腔热血,为国奉献,撒播革命的种子,用实际行动践行了中国共产党人矢志不渝的政治追求!

> **学生读后感**
>
> 我了解了侯绍裘的事迹后，内心被深深触动了。尤其是他为了资助景贤女中，瞒着家庭变卖田产资助办学，而且还不领一分钱工资完全尽义务教学的事迹使我深受感动。侯绍裘用自己的实际行动帮助青年学生学习先进的知识，撒播革命的种子，他是我们学习的榜样。
>
> 侯绍裘竭尽全力为青年教育事业做出了贡献，他所做的一切都是为了国家为了人民。作为新时代的一名少先队员，我知道如今的美好生活是来之不易的，是无数烈士用鲜血换来的。我们要格外珍惜现在的美好生活，刻苦学习科学文化知识，拓宽自己的视野，提升自身的素养，不管在学习中遇到多大的困难都要学会去克服它，迎难而上，力争上游，打好知识基础，同时提升自己的实践能力和创新能力，做德智体美劳全面发展的好队员和新时代祖国建设的栋梁之才！
>
> ——上海市松江区中山小学三（9）中队　罗语萱

故事三　赤子之心入党，舍生忘死就义

1923年的秋天，侯绍裘正式加入了中国共产党，成为了松江第一名中国共产党员。在国共合作期间，他也担任了国民党江苏省党部常委、中共党团书记等职务。在大家的心目中，他一直是"立场坚定、极有才干"的共产党人形象。

基地一　侯绍裘革命烈士红色教育基地

1924年5月,侯绍裘陪同毛泽东、罗章龙到松江来开展国民党组织建设。

1925年3月12日,孙中山在北京病逝。侯绍裘参加了一系列纪念活动,撰写文章,发表演说。1926年1月,侯绍裘与朱季恂等代表江苏省党部出席在广州的国民党二大,他和毛泽东一起被指定为农民运动决议案审查委员会6名委员中的成员。他到金山、枫泾等地,发表了演讲。

1927年3月底,蒋介石加快了反革命的步伐。这一年也是侯绍裘生命的最后一年。4月1日夜,他率领国民党江苏省党部离开上海,前往南京。他在去南京前向同志们告别时就已做好了牺牲的准备。他笑着说:"这次去南京,要同反革命势力决斗,吉凶未卜。我的脑袋也不晓得能保住多久,恐怕没有回来的一天啰!"

4月5日,侯绍裘在召开南京市国民党员大会时,义无反顾地表明了反蒋独裁的鲜明立场。4月11日凌晨2时,侯绍裘等9人被捕。蒋介石以"江苏省主席"一职,企图引诱他投降,但被侯绍裘坚定地拒绝了。拒绝诱降后的侯绍裘及其他战友们备受酷刑,不管敌人是软硬兼施还是威逼利诱,他宁死不屈,被折磨了三四天后,侯绍裘及他的战友们全部惨遭杀害,尸骨被投入了秦淮河中。

侯绍裘烈士牺牲后,党组织曾经到南京寻找烈士遗体,并且设法妥善安置烈士的妻儿,以免遭国民党反动派的迫害。现今在南京雨花台烈士纪念馆,排在第一位的就是侯绍裘烈士。家乡人民更没有忘记侯绍裘烈士,在松江为侯绍裘建立纪念碑,松江二中校园内也树立了侯绍裘烈士塑像。《侯绍裘纪念集》《侯绍裘文集》《松江史志·纪念革命烈士侯绍裘牺牲90周年》等书籍,表达了人们对烈士的深切缅怀和崇高

敬意。

　　侯绍裘用自己的行动践行着他的名言：一个人不是为了一己而生，是为社会、人类而生，以最多数人之最大幸福为人生的最终目的、最大责任。

　　他的一生都是在为国家、为民族鞠躬尽瘁。虽然他的生命早已逝去，但他对革命的贡献、他坚贞不屈的精神，永远印刻在千千万万中国人民心中！

学生读后感

　　2021年是中国共产党成立100周年，在这100年的时间里，中华大地涌现了无数的英烈。现在我又认识了松江的一个英烈，他就是"立场坚定、极有才干"的共产党人——侯绍裘。

　　侯绍裘烈士从小才思敏捷、天赋极高、勤奋好学，在学校期间就是爱国的积极分子，后来在抗战期间加入了中国共产党，国共合作期间推进了松江革命运动进程，培养了许许多多的共青团员，成为了松江第一名共产党员。

　　侯绍裘是一个刚正不阿的共产党员，在他牺牲的那一年，他还在努力地表明拒绝诱降的决心和态度。最终，他死在了敌人的严刑拷打中。死后尸骨被投入冰冷的秦淮河中。

　　侯绍裘短暂而光辉的一生让我们深切感受到了今天美好的生活是多么来之不易。他一生都在致力于教育和革命，他的生命虽然短暂，但是

> 我们会用百年甚至更久的时间来铭记他。英雄永远活在我们心中!
> ——上海市松江区中山小学三(9)中队 朱芮辰

(以上故事均由侯绍裘革命烈士红色教育基地提供,以及参考张洁《松江第一名共产党员侯绍裘的人生选择》、程志强《侯绍裘烈士的光辉一生》)

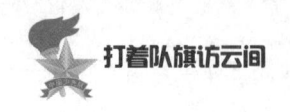

小知识测一测

1. 侯绍裘烈士的塑像位于哪里？（　　）
A. 松江一中　　　　B. 方塔园　　　　C. 松江二中

2. 松江第一位共产党员是？（　　）
A. 赵祖康　　　　B. 朱季恂　　　　C. 侯绍裘

3. 在侯绍裘的努力下，哪所学校恢复了办学？（　　）
A. 景贤女中　　　　B. 松江二中　　　　C. 华娄高小

4. 此刻你最想对侯绍裘烈士说的一句话是：
_____

参考答案

1. C　2. C　3. A　4. 略

实践活动方案

活动方案一 时刻准备着 向革命先烈侯绍裘致敬
——小队寻访活动

一、活动目的

通过小队寻访活动，引导队员们在争当讲解员、参与闯关、设计畅享卡、读侯绍裘名言等实践活动中，了解松江本土的革命英雄，埋下学习革命英烈的红色种子，用实际行动践行从小学先锋、长大做先锋的理想信念，为建设松江时刻准备着。

二、活动地点

侯绍裘革命烈士红色教育基地

三、活动对象

××小队队员、中队辅导员或校外辅导员

四、活动准备

项目	具体内容
人员要求	（1）旗手 1 名 （2）中队辅导员 1 名 （3）队员 7—14 名 （4）校外辅导员（家长）1 名
物品准备	五角星贴纸、小队活动记录表（见"活动资源链接 1"）、挑战题库（见"活动资源链接 2"）、获奖证书
其他准备	（1）确定时间：和队员们、家长志愿者以及联系松江二中相关人员，确定寻访时间。 （2）分配任务：小队成员根据个人特长分配任务，做好主持、拍摄、记录、道具、采访、后勤的任务分配，并招募家长志愿者。 （3）知识铺垫：每位队员提前搜集侯绍裘的小故事；熟悉呼号内容：（领）准备着，为共产主义事业而奋斗！（答）时刻准备着！

五、活动过程

活动一：初识侯绍裘，争当讲解员

活动地点：松江二中侯绍裘塑像前

活动内容：

1.根据提前布置的任务，每一位队员都担任红色讲解员，轮流向队员们讲述侯绍裘英烈的事迹。

2.队员们交流感受，讨论侯绍裘为革命做了哪些贡献。

基地一　侯绍裘革命烈士红色教育基地

红色讲解员讲述侯绍裘的故事

活动二：红色挑战，传承精神

活动地点：松江二中树人院底楼教室

活动内容：

第一关：合影留念，在侯绍裘塑像前拍摄一张照片，要求戴好红领巾、敬队礼，比一比哪一队的队礼最规范。第一关完成的队员可以获得一颗五角星贴纸。之后在教室集合，队员将获得的五角星贴在活动记录表上（见"活动资源链接1"）。

第二关：挑战答题，由中队辅导员担任裁判，并宣读挑战规则。规则是：队员自愿抢答，由家长志愿者从事先准备好的题库中抽取问题（见"活动资源链接2"），中队辅导员做好记录，答对一题即可获得一枚五角星。挑战结束后，比一比哪位获得的五角星最多，由中队辅导员宣读本关的挑战结果。

第三关：致敬烈士，结合以上活动内容及对侯绍裘烈士事迹的了解，写

一句送给侯绍裘烈士的话，要求写出对侯绍裘的哀思和怀念。字数在50字左右，完成的队员可获得一颗五角星。

表彰环节：中队辅导员统计获星数量，获星最多的队员将荣获"最红挑战者"称号。中队辅导员进行颁奖，并合影留念。

活动三：宣读名言，重温呼号

活动地点：松江二中侯绍裘塑像前

活动内容：

1. 全体队员回到侯绍裘塑像前，朗读侯绍裘的名言：一个人不是为了一己而生，而是为社会、人类而生，以最多数人之最大幸福为人生的最终目的、最大责任。

2. 由中队辅导员带领全体小队成员呼号。

基地寻访活动合影

六、活动延伸

活动结束后,队员们积极撰写寻访感受,完成小队活动记录表,通过各种网络途径发布自己的小队寻访成果。

活动资源链接 1

寻访侯绍裘革命烈士红色教育基地小队活动记录表

小队名称:	姓名:	寻访时间:	寻访地点:
第一关:合影留念贴星处		第二关:挑战答题贴星处	
第三关:致敬烈士			
送给侯绍裘烈士的话: 贴星处:			
我的寻访感受			

活动资源链接2

时刻准备着　向革命先烈侯绍裘致敬
——"寻访侯绍裘革命烈士红色教育基地小队活动"挑战题库

【简答题】

1. 侯绍裘是哪里人？

2. 侯绍裘的塑像坐落在哪里？

3. 侯绍裘牺牲时多少岁？

【单选题】

1. 侯绍裘学习的是什么专业？（　　）

　　A. 土木工程　　　　B. 交通运输　　　　C. 建筑学

2. 侯绍裘创办的杂志是？（　　）

　　A.《新青年》　　　　B.《问题周刊》　　　　C.《申报》

3. 侯绍裘1918年考入了哪所学校？（　　）

　　A. 南洋中学　　　　B. 松江二中　　　　C. 上海中学

4. 在侯绍裘的努力下，哪所学校恢复了办学？（　　）

　　A. 景贤女中　　　　B. 松江二中　　　　C. 华娄高小

5. 侯绍裘是哪一年成为松江第一位共产党员？（　　）

　　A. 1923年　　　　B. 1924年　　　　C. 1927年

6. 侯绍裘烈士塑像已成为培养松江青少年的什么基地？（　　）

A. 旅游场所　　　　B. 红色教育

参考答案

【简答题】

1. 松江　2. 松江二中　3. 31

【单选题】

1. A　2. B　3. A　4. A　5. A　6. B

活动方案二　传承红色基因　争做时代新人
——二年级入队仪式

一、活动目的

通过在侯绍裘革命烈士红色教育基地举行入队仪式，帮助少年儿童学习侯绍裘等革命先烈坚强不屈、不畏牺牲的英勇事迹，引导少年儿童树立从小学先锋、长大做先锋的理想信念。同时，帮助少年儿童进一步了解队史，掌握队礼仪，增强对加入少先队组织的光荣感和归属感，培养自主自动的少先队员主人翁意识。

二、活动地点

松江二中侯绍裘烈士塑像前

三、活动对象

全体二年级学生、二年级中队辅导员、四年级小辅导员、校少工委委员

四、活动准备

项目	具体内容
人员要求	（1）主持人 2 名 （2）旗手 1 名、护旗手 2 名 （3）党组织代表讲话 1 名 （4）授旗、颁发"少先队员证"：学校少工委主任 （5）颁发《中队辅导员聘书》：德育副校长 （6）宣读组建中队、带领呼号：大队辅导员 （7）参与仪式学生要求：会唱中国少年先锋队队歌 2 段、会系红领巾、会敬队礼、会宣誓、会呼号
物品准备	（1）队旗若干面（按中队数）、旗架 1 个、大队旗 1 面 （2）《中队辅导员聘书》若干份（按中队数） （3）移动音箱等设备 1 套 （4）舞台背景布置 　　　　　传承红色基因　争做时代新人 　　　——××学年××学校二年级入队仪式 　　　　　　　　　　　　　　×年×月×日 （5）音乐：《出旗曲》《退旗曲》《雏鹰之歌》《我们是共产主义接班人》、祭扫音乐

五、活动过程（主持稿见"活动资源链接"）

1. 宣布开始；

2. 出旗（奏《出旗曲》，全体队员敬礼）；

3. 唱队歌《我们是共产主义接班人》；

4. 敬献花圈；

5. 默哀；

6. 大队委员会宣读组建二年级少先队组织的决定；

7. 大队委员会宣读新队员名单；

8. 小辅导员为新队员授红领巾，颁"少先队员证"；

9. 大队长带领新队员宣誓；

10. 学校少工委主任为新建中队授中队旗；

11. 为新建中队聘请中队辅导员；

12. 党组织代表讲话；

13. 呼号；

14. 退旗（奏《退旗曲》，全体队员敬礼）；

15. 仪式结束；

16. 瞻仰侯绍裘烈士塑像。

入队仪式

六、活动延伸

1. 亮一亮"少先队员证"

每年的少先队建队日,队员可以亮出自己的"少先队员证",向伙伴们展示你入队当天的珍贵照片,说说在那天发生的令你印象最深的事,重温入队誓词,坚定入队信念,争做新时代全面发展的好队员。

2. 讲一讲争章故事

在加入少先队前,队员们已经通过努力争得"红星章""红旗章""火炬章"。召开一次主题队会,讲一讲争章过程中的那些事儿,为争得更多的雏鹰章树立新的目标。

3. 评一评队知识小达人

作为新一批的少先队员,对队知识掌握了多少呢?组织一次队知识评比,发现和表彰队知识小达人,进一步培养少先队员的组织归属感,厚植对党和国家的热爱。

活动资源链接

传承红色基因　争做时代新人
——××学年××学校少先队入队仪式主持稿

甲:亲爱的小伙伴们,

乙:尊敬的辅导员们,

齐:大家下午好!

甲:高昂的队号,欢跳的队鼓,突然,低了八度;

基地一　侯绍裘革命烈士红色教育基地

乙：如花的笑脸，轻快的脚步，霎时，庄严肃穆。

甲：今天，我们怀着崇高的敬意来到松江二中，缅怀先烈，寄托哀思，并将在侯绍裘烈士塑像前，举行庄严的入队仪式。

乙：下面我宣布"传承红色基因，争做时代新人"××学年××学校二年级入队仪式正式开始！

★ 出中国少年先锋队队旗

乙：全体立正！出中国少年先锋队队旗，敬礼。

（音乐《出旗曲》，少先队员敬礼，二年级队员行注目礼）礼毕！

★ 奏唱中国少年先锋队队歌

甲：奏唱中国少年先锋队队歌。（音乐《我们是共产主义接班人》完整两段）

★ 敬献花圈

乙：不忘烈士抛忠骨，民族复兴中华魂。下面，请队员代表向侯绍裘烈士敬献花圈。

甲：全体立正，行注目礼！（祭扫音乐）

★ 默哀

乙：花环献给敬爱的烈士，烈士永远活在我们的心中。

甲：烈士像前思英雄，无限悲痛无限情。让我们向坚强不屈、不畏牺牲的侯绍裘烈士默哀。（奏《默哀曲》）

★ 宣读组建二年级少先队组织的决定

甲：星星火炬指方向，红领巾奖章伴成长。队员们已经通过自己的努力争得了"红星章"、"红旗章"和"火炬章"，完成了少先队入队前的争章要求，符合了少先队员的标准。

乙：经过学校少先队组织批准，今天我们将正式戴上红领巾，成为光荣

的少先队员。下面，请大队辅导员××老师宣读二年级组建各中队组织的决定。

大队辅导员：为进一步加强我校少先队队伍建设，依据《中国少年先锋队章程》，经学校大队委研究，并报学校团委和党总支同意，现决定成立二（1）七色花中队、二（2）朝晖中队、二（3）晨曦中队、二（4）小蜜蜂中队、二（5）小树苗中队、二（6）向日葵中队、二（7）小蜜蜂中队、二（8）向日葵中队！祝贺你们！

★ 宣读新队员名单

甲：下面请副大队长××宣读新队员名单。

大队委员：经学校少工委讨论通过，批准××等二年级少年儿童加入中国少年先锋队。希望全体少先队员刻苦学习知识，坚定理想信念，磨练坚强意志，锻炼强健体魄，为实现中华民族伟大复兴的中国梦时刻准备着。

★ 授红领巾

乙：下面请新队员代表上台，请学校少工委××老师和小辅导员为新队员授红领巾，接到红领巾后请双手捧在胸前。（音乐《雏鹰之歌》）

★ 佩戴红领巾

甲：下面，请跟随指令佩戴红领巾。（音乐《雏鹰之歌》）

第一步：双手展领巾；第二步：领巾披上肩；

第三步：左尖压右尖；第四步：右尖绕一圈；

第五步：圈里抽右尖；第六步：整理好衣领。

甲：红领巾是光荣的象征，红领巾有着光荣的传统。

乙：戴上红领巾，我们的心啊，在激荡跳跃。

甲：戴上红领巾，就多一份责任。

乙：戴上红领巾，就要为它增光添彩。

甲：大家说，能不能做到？（众：能！）

★ 颁"少先队员证"

乙：下面请领导和中队辅导员为新队员颁发"少先队员证"。

（音乐《雏鹰之歌》，领导为台上队员代表颁证，中队辅导员为台下队员颁证，先敬队礼再发证）

★ 队旗下宣誓

乙：历史将革命的接力棒传给了我们，今天，让我们在英雄的塑像前留下我们庄严的誓言。下面请我校大队长××带领新队员在队旗下宣誓。

（大队长带领宣誓：我是中国少年先锋队队员。我在队旗下宣誓：我热爱中国共产党，热爱祖国，热爱人民，好好学习，好好锻炼，准备着：为共产主义事业贡献力量！宣誓人：_____）

甲：一句句誓言，一个个决心都是新队员的心声。让我们牢记星星火炬下的誓言，用实际行动为红领巾增添光彩，让胸前的红领巾更加鲜艳！

★ 为新建中队授中队旗

乙：今天的入队仪式上我们二年级组建了新的中队集体，请二年级各中队代表上台，请学校少工委主任××老师为二年级各中队授旗。

（音乐《雏鹰之歌》，学校少工委主任依次从礼仪手中将中队旗交给各中队代表）

★ 为新建中队聘请中队辅导员

甲：队员们，今天学校少工委还将聘请一批热爱少先队的老师担任我们的中队辅导员，他们将成为我们成长道路上的亲密伙伴。下面请学校少工委主任××宣读新中队辅导员名单，请××颁发辅导员聘书。

学校少工委主任：经学校少工委研究决定：聘任××、××、××、××为我校二（1）、二（2）、二（3）、二（4）、二（5）中队辅导员，让我

们用热烈的掌声向他们表示祝贺。

（音乐《雏鹰之歌》，学校校工委主任为中队辅导员颁发聘书）

★ 党组织代表讲话

甲：新队员们，党创立了少先队，并委托共青团直接领导我们队，习近平爷爷一直教导我们要听党的话，跟党走，做共产主义事业接班人，今天学校的党员代表、学校少工委主任××老师也来到我们身边，祝贺大家加入少先队组织，成为一名少先队员，下面请××老师代表党组织讲话。（鼓掌）

（党组织代表讲话）

★ 呼号

乙：谢谢××老师，我们一定会传承红色基因，争做新时代好队员，下面请大队辅导员××老师带领我们呼号！全体立正！

大队辅导员：准备着，为共产主义事业而奋斗！（答：时刻准备着！）

★ 退旗

甲：全体立正！退旗！敬礼！（音乐《退旗曲》，全体敬礼）礼毕！

★ 仪式结束

乙：队员们，让我们时刻牢记习近平爷爷的嘱托：从小学先锋，长大做先锋，为实现中华民族伟大复兴的中国梦时刻准备着！

甲："传承红色基因　争做时代新人"——××学年××学校二年级入队仪式——

齐：到此结束！

★ 瞻仰侯绍裘烈士塑像

甲：请各中队按次序瞻仰侯绍裘烈士塑像。（祭扫音乐）

活动方案三　走近优秀党员　学习先锋榜样
——四年级"向日葵章"颁章仪式

一、活动目的

将少先队争章活动与仪式教育有机融合，助力构建少先队员阶梯式成长激励体系，增强少先队员的光荣感和组织归属感。引导广大少年儿童学习侯绍裘烈士光辉的革命事迹，感受先烈们为了守卫家园、不畏牺牲、顽强拼搏的可贵精神。同时，引领广大少年儿童走近更多优秀党员，感受党的关爱，树立从小学先锋、长大做先锋的理想信念。

二、活动地点

松江二中侯绍裘烈士塑像前

三、活动对象

全体四年级队员、四年级各中队辅导员、学校少工委委员

四、活动准备

项目	具体内容
人员要求	（1）主持人2名 （2）旗手1名；护旗手2名 （3）分享侯绍裘英雄事迹1名 （4）分享"向日葵章"争章感言若干名 （5）党组织代表致辞1名 （6）熟背中国少年先锋队队歌2段歌词
物品准备	（1）中队旗若干面（按中队数）、旗架1个、大队旗1面 （2）"向日葵章"贴纸若干（根据四年级队员人数） （3）移动音箱设备1套 （4）舞台背景布置 **走近优秀党员　学习先锋榜样** ——××学年××学校四年级"向日葵章"颁章仪式 ××年×月×日 （5）音乐：《出旗曲》《退旗曲》《生长吧》《我们是共产主义接班人》、祭扫音乐

五、活动过程（主持稿见"活动资源链接"）

1. 宣布开始；

2. 出旗（奏《出旗曲》，全体队员敬礼）；

3. 唱队歌《我们是共产主义接班人》；

4. "向日葵章"成果展；

5. 大队委员会宣读获得"向日葵章"的队员名单；

6. 颁发"向日葵章"；

7. 队员代表分享争章感言；

8. 党组织、团组织代表或大队辅导员讲话；

9. 呼号；

10. 退旗（奏《退旗曲》，全体队员敬礼）；

11. 仪式结束；

12. 瞻仰侯绍裘烈士塑像。

颁章仪式

六、活动延伸

1. 讲讲党的故事

通过"向日葵章"争章活动，队员们了解了许多中国共产党带领人民所做的大事。请队员将了解的红色故事分享给更多的小伙伴，让红色精神代代相传。

2. 比比"争章手帐"

将争章过程以"手帐"的方式记录下来，图文并茂。比一比，谁制作的

"争章手帐"内容最详实、配图最生动。

3. 夸夸红领巾小先锋

请队员们找一找身边优秀的少先队员，夸夸他们的优点，说说他们身上有哪些值得队员学习的地方。为自己立一个目标，向这些优秀的红领巾小先锋学习。

活动资源链接

走近优秀党员 学习先锋榜样

——××学年××学校四年级"向日葵章"颁章仪式主持稿

甲：亲爱的小伙伴们，

乙：尊敬的辅导员们，

齐：大家好！

甲：我们是勇敢的雏鹰，越过高山，飞过丛林。

乙：我们是新时代的少先队员，搏击风雨，满怀理想。

甲：今天，我们怀着崇高的敬意来到松江二中，缅怀先烈，寄托哀思，并将在革命烈士侯绍裘烈士塑像前，隆重举行"向日葵章"颁章仪式。

乙：下面我宣布"走近优秀党员 学习先锋榜样"——××学年××学校四年级"向日葵章"颁章仪式正式开始！

★ 出中国少年先锋队队旗

乙：全体立正！出中国少年先锋队队旗，敬礼。

（音乐《出旗曲》）礼毕！

★ 奏唱中国少年先锋队队歌

甲：奏唱中国少年先锋队队歌。（音乐《我们是共产主义接班人》完整两段）

★ "向日葵章"争章成果展

乙："没有共产党就没有新中国，没有共产党就没有今天的幸福生活。"在前一阶段"向日葵章"的争章过程中，队员们学党的知识、唱党的歌曲、看红色电影、敬先锋榜样，了解了中国共产党带领人民谋幸福、奔小康的光辉事迹。

甲：少先队作为建设社会主义和共产主义的预备队，党的历代领导人都曾对少先队员提出殷切的期望，毛泽东同志号召我们：

中队1：好好学习，天天向上。

甲：邓小平同志希望我们：

中队2：立志做有理想、有道德、有知识、有体力的人。

甲：江泽民同志寄语我们：

中队3：星星火炬，代代相传。

甲：胡锦涛同志希望全国的少年儿童——

中队4：勤奋学习，快乐生活，全面发展。

甲：习近平同志希望我们：

中队5：从小学习做人，从小学习立志，从小学习创造。

乙：我们还认识了无数优秀的共产党员，他们为了民族复兴，抛头颅洒热血；他们用英雄事迹，谱写一首首壮丽诗篇。

甲：下面请队员代表上台分享《读家乡烈士——侯绍裘烈士英勇事迹有感》。

（队员代表分享《读家乡烈士——侯绍裘烈士英勇事迹有感》）

★大队委员会宣读获得"向日葵章"的队员名单

甲：英雄是民族最闪亮的坐标。让我们谨遵习近平爷爷的教导：崇尚英雄，捍卫英雄，学习英雄，关爱英雄。

乙：下面请大队委员××宣读"向日葵章"获章队员名单。

大队委员：经学校少工委讨论通过，××等全体四年级队员学史爱党、知史爱国，达到了"向日葵章"的争章要求，争获了"向日葵章"，让我们用热烈的掌声对自己取得的进步表示祝贺！（鼓掌）

★颁发"向日葵章"

甲：下面请四年级各中队代表上台，请学校少工委主任××和中队辅导员为获章队员颁发"向日葵章"。

（音乐《生长吧》，领导为台上代表颁章并佩戴，中队辅导员为台下队员颁章并佩戴）

颁发"向日葵章"

★队员代表分享争章感言

乙：授章完毕。胸前的奖章亮闪闪，心中的话儿抒胸怀。此时此刻，每一位队员内心一定都无比激动。下面请队员代表分享争章感言。

（队员代表分享争章感言）

★党组织代表讲话

甲：习近平爷爷一直教导我们要听党的话、跟党走，党是太阳我是花，我们沐浴在党温暖的阳光下，下面请党员代表、学校少工委主任××讲话。

（鼓掌）

（党组织代表讲话）

乙：谢谢××老师。亲爱的小伙伴们，让我们以古今英雄人物为榜样，传承红色基因，激发奋斗动力，在雏鹰奖章的争章过程中立志向、修品行、练本领，听党的话，跟党走，做新时代的追梦人。

★ 呼号

甲：下面请大队辅导员××老师带领我们呼号！全体立正！

大队辅导员：准备着：为共产主义事业而奋斗！（答：时刻准备着！）

★ 退旗

甲：全体立正，退旗！敬礼！

（音乐《退旗曲》，全体敬礼）礼毕！

乙："走近优秀党员 学习先锋榜样"——××学年××学校四年级"向日葵章"颁章仪式——

齐：到此结束！

甲：请各中队按次序瞻仰侯绍裘烈士塑像。（祭扫音乐）

基地二 陈云与松江地区农民暴动史料馆

基地二　陈云与松江地区农民暴动史料馆

基地简介

陈云与松江地区农民暴动史料馆位于枫泾暴动指挥所旧址内，地处松江区新浜镇赵王村村西。枫泾暴动指挥所旧址建于清代，称"大方庵"。坐北面南，由前殿、正殿和两厢房构成四合院落。通面阔19.3米，通进深23.5米。前殿五开间六界，歇山顶。正殿七开间八界，前后均为两步穿，有扁作四界梁。前后殿间天井有东西厢房，与前殿相连。均为三开间六界，其北设廊与正殿相连，廊内有小天井。1991年，后殿失火烧毁，松江县（今松江区）人民政府拨款抢修，1992年底竣工。1961年1月22日，枫泾暴动指挥所旧址公布为松江县文物保护单位，2021年3月11日，入选上海市第一批革命文物名录。陈云与松江地区农民暴动史料馆藏有研究早期党史的重要史料，具有较高的历史价值。

1927年"四一二"反革命政变发生后，中共中央确立实行土地革命和武装反抗的总方针，并决定在一些群众基础较好的省份组织农民秋收暴动。中共江苏省委重新集聚革命力量，组合划分所辖区域，其中，由陈云负责当时的金山、松江、青浦三县。陈云与松江地区农民暴动史料馆地处松江、金山、青浦三区交界处，由于地处偏僻，寺内僧人支持农运，这里经常举行农协动员大会，就逐渐成为了当时农民运动的中心和暴动指挥所。

1928年初，枫泾、小蒸一带农民在陈云、吴志喜、袁世钊等共产党人发动和领导下，举行了声势浩大的枫泾、小蒸暴动。陈云多次来到大方庵召开农会，筹备农民武装抗租斗争，最多时有二百余人参加。小蒸、枫泾地区的农民武装暴动，与上海郊区及全国各地风起云涌的农民武装暴动遥相呼应，推动了土地革命战争时期的革命形势发展。通过及时总结经验教训，党在斗争实践中不断发展壮大，并最终取得了新民主主义革命的伟大胜利。

人物故事：陈云、吴志喜、袁世钊

故事一　志存高远的陈云爷爷

陈云是青浦练塘人，童年家境贫寒，历经磨难。但他想尽办法，努力学习。在颜安高等小学，他学习勤奋刻苦，各科成绩一直名列前茅。在学校里，老师经常介绍当时重大的社会变革，比如康有为和梁启超维新变法、鸦片战争、八国联军的入侵、孙中山领导辛亥革命等故事。这大大开阔了陈云的视野，激发了陈云的爱国思想。

随着年龄的增长，陈云心中民族自强的情感日益强烈。他耳闻目睹了帝国主义列强在中国国土上横行霸道的强盗行为，心里愤懑不平。他和一些老师同学，把颜安高等小学高年级师生组成童子军和救国十人团及宣传队。宣传队在小镇的街头、小蒸、泖口等地发表演讲，表演短剧。他们向乡亲们揭露日本帝国主义的罪行，号召大家抵制日货。同时，他也是学校组织的声援北京学生爱国运动活动核心人物之一。爱国运动的洪流将他内心稚嫩的爱国之情，凝聚成坚定的报国之志。从此，他走上了革命的道路，成为了一名优秀的共产党员。

1928年1月，陈云和枫泾党组织领导人袁世钊、陆龙飞等发动了

基地二 陈云与松江地区农民暴动史料馆

震撼江浙一带的枫泾暴动。这次暴动对枫西地区影响甚大，此后嘉善县的姚庄、里泽、枫南等乡接连开展了农民革命斗争。枫泾暴动威震江南，沉重打击了地主、豪绅反动统治阶级，教育和锻炼了人民，在农村播下了革命火种，鼓舞了贫苦农民的革命斗志。

读书让陈云爷爷懂得天下事，志存高远，在志向引领下学习报国本领，为新中国的成立立下了汗马功劳，他的光辉事迹值得我们学习。

学生读后感

陈云能从一个普通的农家孩子逐渐成长为一个革命者，这离不开学习。在老师的引导下，陈云了解到了旧中国的落后，以及国家落后的悲哀，他立下救国救民的远大志向，为国家鞠躬尽瘁。

我们为什么而读书？周恩来爷爷立志"为中华之崛起而读书"，陈云爷爷通过读书明理从而成长为优秀的共产党员。我也要为祖国变得更加强大而努力读书。读书明理，知天下事，知国情，掌握真本领。

以前，我们的祖国因为不够强大而饱受凌辱。如今，我们的祖国已日渐昌盛。少年智则国智，少年强则国强。让我们为了祖国母亲的繁荣富强，为了中华民族的伟大复兴，刻苦努力，积极上进，发奋读书！

——上海市松江区新浜学校五（1）中队　房诗芸

（本故事参考：杨春长、高津滔主编的《陈云的故事》）

故事二　坚强不屈的吴志喜

"共产党，扒平王；财主人，泪汪汪；一夜杀死'七只狼'。"这是1928年1月，在枫泾地区的贫苦农民群体中流传的一首民谣，说的就是陈云同志领导枫泾暴动的故事。在著名的枫泾暴动中，还有一位年仅17岁的革命烈士——吴志喜。

吴志喜出生于1911年6月，在土地革命初期任青浦县委（松金青县委）委员、常委，松江地区农民革命军总指挥。他和陈云同志一起，领导了当时苏南著名的小蒸、枫泾暴动。

吴志喜在松江初级中学求学期间，在校长侯绍裘的引导下，阅读革命书籍，接触进步思想，当选为松江县学生联合会会长兼学校学生会会长。他在《松江学习》发表了他的《严重的五月——告青年同学》一文，痛斥了反动军阀的腐败和帝国主义的侵略罪行。他先参加了中国共产主义青年团，后加入了中国共产党，随后被组织派往武汉中央军校学习。1927年8月，他奉命返回家乡领导农民运动，并于同年10月后到小蒸的陈云一起，深入群众，开展革命活动。

在塘南的枫泾地区，吴志喜和枫泾区委书记袁世钊、委员陆龙飞一起，领导枫泾农民军。从1928年1月9日到18日为止，先后在地主土豪家收缴了一些枪支，没收枫泾地主资本家丁育甫催租逼债的近10石大米，又收缴新浜镇地主曹砚溪、高保仁家大洋500元，全部分给贫苦农民渡过年关。吴志喜等人率领近30名农民军，处决了恶霸地主土豪金海琴、褚根山、李新发、李善庆、李福友等7人，沉重打击了

基地二 陈云与松江地区农民暴动史料馆

反动统治势力,有力地支持了群众的抗租斗争。缴团防局枪支,收地主银洋、大米,杀地主土豪这一系列行动,成为震动江浙的枫泾农民暴动。

暴动之后,他和枫泾区委委员陆龙飞一起,不幸被国民党反动当局逮捕。在回答法庭审讯时,他为保护战友,坚强不屈。否认认识同乡本土、4个月来朝夕相处,化名陈亨的陈云同志,只说:"不知何人,没有见过。"临刑前他视死如归、慷慨陈词:"我为共产主义而死,为工农而死,死也甘心。"高呼"打倒中国国民党!""中国共产党万岁!""列宁主义万岁!"等口号。吴志喜英勇就义时,年仅17岁。陈云同志在1984年8月回忆说:"吴志喜、陆龙飞两人牺牲得很英勇。"老革命家陈云亲笔为他题词:吴志喜烈士永垂不朽。

吴志喜、陆龙飞等烈士的鲜血没有白流,而是和全中国所有烈士的鲜血一起,汇成势不可挡的革命浪潮,浇灌出了一个红彤彤的新中国。

学生读后感

今天,我读了革命烈士吴志喜的事迹,深受感动。

吴志喜烈士读书期间,阅读革命书籍,接触进步思想,从一个中国共产主义青年团员成长为光荣的中国共产党党员。他和陈云同志一起领导了小蒸、枫泾暴动。他带领当地农民开展打土豪、抗租减息工作。在暴动之后被反动派抓捕,他视死如归、英勇顽强,说:"我为共产主义而死,为工农而死,死也甘心。"吴志喜英雄就义时,年仅17岁。

烈士的鲜血没有白流,我们今天的幸福生活是烈士们用鲜血换来的。

> 我要努力学习，立志报国，成为优秀人才，为实现中华民族的伟大复兴的中国梦而努力奋斗。
>
> ——上海市松江区新浜学校四（1）中队　孙康

（本故事参考：《枫泾暴动让革命火种燎原江南》，https://baijiahao.baidu.com/s?id=1692716299117910158&wfr=spider&for=pc.）

故事三　烈士袁世钊

松江县枫泾镇（现属金山区），枫泾地处江浙边界，这里河道纵横，土地肥沃，沪杭铁路横贯全境。可是这样的鱼米之乡，由于连年军阀混战，地主残酷剥削，广大农民食不果腹、衣不蔽体、民生凋敝、民怨沸腾。

袁世钊（1905—1931年），松江县枫泾镇（现属金山区）人。1924年，由侯绍裘介绍加入国民党。后又加入共产党，被任命为枫泾区委书记，在枫泾、新浜一带发展革命力量。在枫泾镇成立农民协会，要求"二五减租"。他还发动群众，在枫泾、新浜之间破坏铁路，拦劫军阀孙传芳的军火列车。

1928年1月初，陈云与袁世钊等发动青浦小蒸暴动，与吴志喜、陆龙飞、顾桂龙等共产党员一起带领农民军，以中国共产党江苏省松江县第一独立支队的名义，一夜之间，在新浜的钱家草、西古村、长浜及枫泾的屈家浜等地，杀死7个地主恶霸，并收缴联防队的武器弹药。

13日，在新浜土地堂扣留枫泾地主粮船，将船上大米分给贫苦农民。15日，决定发动枫泾暴动。19日，农民军被围攻，吴志喜、陆龙飞等许多同志被捕，暴动失败。

袁世钊脱险后，隐蔽于上海。8月，与顾桂龙、张杏松等秘密返回松江，恢复基层组织，建立17个党支部，重建枫泾区委。9月，调任镇江县委书记。负责松江县委工作，曾在钱家草、新中浜、界字圩、韩家坞等地重组农民协会，伏击自卫团，收缴土豪枪支弹药；也曾多次到嘉善发展组织，进行活动。袁世钊、盛阿贵利用当地洪福庵群众做"佛会"场所，宣传共产党主张打倒土豪劣绅，实行耕者有其田的思想，揭发地主的罪恶。在此基础上，他们发动农民开展抗租、抗债、抗税斗争。姚庄地区农民的"共产风潮"打击了土豪劣绅，震动了嘉善的反动统治势力。

1930年4月，袁世钊被国民党特务逮捕，押解至苏州高等法院第二监狱。在狱中他坚持斗争，为监狱特别支部书记，领导难友，闹监绝食，并筹划越狱。后被解至镇江，1931年2月13日，被杀害于镇江北门桃花坞。他在遗书中写道："为革命牺牲是最光荣的，时代的车轮在前进，革命一定能成功！"

学生读后感

　　读完袁世钊烈士的故事，我深受感动。他坚定的信念，顽强的精神都深深打动着我。胜利从来都是来之不易的。无数革命先烈为了一个独立的新中国献出了宝贵的生命。我们作为新时代的少先队员，更要努力学习。因为科技发展，只能靠自己；经济文化发展，只能靠自己；实现中华民族伟大复兴的中国梦，只能靠自己。这些重任，都将落在我们青年一代的肩上。我要和小伙伴们努力学习，立志做建设祖国有用的人才。

——上海市松江区新浜学校四（1）中队　俞晨香

（本故事参考：http://ren.bytravel.cn/history/5/yuanshi34922517.html）

小知识测一测

1. 陈云与松江地区农民暴动史料馆位于上海市_____。（   ）

   A. 松江区新浜镇　　　　　　B. 青浦区新浜镇

   C. 金山区枫泾镇　　　　　　D. 松江区枫泾镇

2. 枫泾暴动指挥所旧址被列为松江区文物保护单位，入选_____。（   ）

   A. 全国第一批革命文物名录

   B. 全国第二批革命文物名录

   C. 上海市第一批革命文物名录

   D. 上海市第二批革命文物名录

3. 1928年初，枫泾、小蒸一带在陈云、吴志喜、袁世钊等共产党人发动领导下，举行了声势浩大的枫泾、小蒸_____暴动。（   ）

   A. 工人　　　B. 农民　　　C. 无产阶级　　　D. 共产党员

4. _____多次来到大方庵召开农会，筹备农民武装抗租斗争。（   ）

   A. 陈云　　　B. 吴志喜　　　C. 袁世钊　　　D. 毛泽东

5. 枫泾、小蒸地区的农民武装暴动，与上海郊县及全国各地的农民武装暴动，推动了_____的革命形势发展。（   ）

   A. 土地革命战争时期　　　　B. 抗日战争时期

   C. 大革命时期　　　　　　　D. 解放战争时期

6. 吴志喜在土地革命初期任青浦县委委员、常委和_____。（   ）

A. 共产党员 B. 松江区民兵总指挥

C. 上海市农民军副指挥 D. 松江区农民军总指挥

7. _____和枫泾区委书记袁世钊一起，领导枫泾农民军先后收缴地主土豪家的枪支。（ ）

A. 陈云 B. 吴志喜 C. 李新发 D. 陈亨

8. 陈云受到张子恭老师的启发开始懂得_____都是帝国主义经济和文化侵略的产物。（ ）

A. 农产品 B. 青浦的洋教堂、练塘的日本货

C. 枪支弹药 D. 医药品

9. 1928年1月，陈云和枫泾党组织领导人袁世钊、陆龙飞等发动了震撼江浙一带的_____。（ ）

A. 枫泾暴动 B. 辛亥革命 C. 松江暴动 D. 五四运动

10. 松江地区农民暴动史料馆威震江南，沉重打击了地主、豪绅反动统治阶级，教育和锻炼了人民，在_____播下了革命火种，鼓舞了贫苦农民的革命斗志。（ ）

A. 工厂 B. 城镇 C. 农村 D. 上海

参考答案

1. A 2. C 3. B 4. A 5. A 6. D 7. B 8. B 9. A 10. C

实践活动方案

活动方案一　枫泾暴动震江南　厚植红根育新人
——小队寻访活动

一、活动目的

为努力探索适合少先队员成长特点的社区活动新模式，开展小队寻访陈云与松江地区农民暴动史料馆活动。通过读、练、画等方式，回顾枫泾暴动这一段革命斗争的光辉历史，深切地感受革命先驱们的英勇无畏，激发爱党爱国的思想感情。在游戏体验活动中进一步理解"勇敢、团结"的少先队作风，争做新时代好少年。

二、活动地点

陈云与松江地区农民暴动史料馆

三、活动对象

××小队队员、中队辅导员或校外辅导员

四、活动准备

项目	具体内容
人员要求	（1）旗手 1 名 （2）中队辅导员 1 名 （3）队员 7—14 名 （4）校外辅导员（家长）1 名
物品准备	小队旗 1 面、活动手册（见"活动资源链接"）、革命书籍、泡沫垫、报纸和胶带
活动准备	（1）确定寻访时间：和队员们共同商讨和确定寻访时间 （2）提醒注意事项：注意参观纪律、交流礼仪、保证活动安全 （3）联系寻访对象：自聘假日小队校外辅导员

五、活动过程

活动一：革命书籍，植根心中火种

活动地点：教室

活动内容：

1. 辅导员介绍枫泾暴动事件的历史背景。

2. 队员们阅读革命书籍，回望历史。

活动二：游戏体验，感悟斗争精神

活动地点：史料馆门前广场

活动内容：

1. 游戏名称：无敌风火轮

基地二 陈云与松江地区农民暴动史料馆

游戏目的：通过游戏感受农民运动，军民鱼水情，共走团结路的情感，表达对斗争进行到底的决心。

游戏道具：报纸和胶带

游戏规则：队员们分成人数相等的两组，用报纸和胶带制作一个封闭大圆环，可以容纳全体成员，将圆环

游戏体验：无敌风火轮

立起，队员全体站到圆环上，模仿一条坦克履带，边走边滚动圆环，共同前进，比一比哪组先完成前进 10 米为胜利。

2. 游戏名称：障碍闯关赛

游戏目的：队员们通过"攀爬、跳跃、奔跑"的动作穿过障碍，在闯关中体现队员们的智慧与勇敢。

游戏道具：60cm×60cm 泡沫垫、30cm×30cm 泡沫垫

小山洞 　　　　　　小山坡 　　　　　　小碉堡

游戏规则：队员们分成人数相等的两组，将泡沫垫拼成小山洞、小山坡等各种障碍物，从起点处听到辅导员说开始，每组第一人出发，依次爬过小山洞，连续跳跃过 4 个小山坡，最后再绕过小碉堡，返回起点和第二位队员

057

击掌，依次类推，直到最后一名队员完成，比一比哪组用时最短就为胜利。

活动三：活动手册，追寻红色印记

活动地点：史料馆

活动内容：

1. 辅导员介绍寻"宝"活动手册

2. 记录红色印记：队员们根据寻"宝"活动手册的指引，分别在"旗帜引领　风起云涌""革命先锋　斗志激昂""英雄无畏　坚持斗争"与"永葆初心　砥砺前行"四大区域寻找文物，通过拍照、手写简要记录下文物的出处和背后的历史，完成小队寻"宝"活动手册。

3. 分享红色印记：各小组队员自行学习好后，互相交流学习成果。

六、活动延伸

1. 英烈精神我来演

参加"打着队旗去考察"寻访活动的队员们，可以将所见、所闻、所感、所想，用队员们喜闻乐见的形式，在少先队活动课中向其他队员们演绎枫泾暴动指挥所中的英烈故事。

2. 文章推送敬英雄

寻访活动后积极撰写心得，在辅导员或者家长的帮助下，通过各种网络途径发布自己的寻访成果。

基地二　陈云与松江地区农民暴动史料馆

活动资源链接

寻"宝"活动手册

旗帜引领　风起云涌	革命先锋　斗志激昂
文物：	文物：
时间：	时间：
事件：	事件：
英雄无畏　坚持斗争	永葆初心　砥砺前行
文物：	文物：
时间：	时间：
事件：	事件：

活动方案二　走近农民暴动　播撒爱国火种
——小队寻访活动

一、活动目的

通过寻访陈云与松江地区农民暴动史料馆小队活动，引导少先队员回顾枫泾暴动这一段革命斗争的光辉历史。通过学习史料、讲解革命先烈事迹和拼接红色碎片活动，增强队员们对革命历史的记忆，对土生土长的这方沃土浓浓的爱乡情怀，让爱国主义的种子在少年儿童的心中生根萌芽。

二、活动地点

陈云与松江地区农民暴动史料馆

三、活动对象

××小队队员、中队辅导员或校外辅导员

四、活动准备

项目	具体内容
人员要求	（1）旗手1名 （2）中队辅导员1名 （3）队员12名（分为3组，每组各4人） （4）校外辅导员（家长）1名

（续表）

项目	具体内容
物品准备	小队旗 1 面、活动手册（见"活动资源链接 1"）、写字垫板、红色碎片 8 片（见"活动资源链接 2"）
活动准备	（1）确定寻访时间：和队员们共同商讨和确定寻访时间 （2）提醒注意事项：注意参观纪律、交流礼仪、保证活动安全 （3）联系寻访对象：自聘假日小队校外辅导员 （4）查询先烈事迹：每位队员提前学习 1 名革命先烈的事迹，如：陈云、吴志喜、袁世钊等

五、活动过程

活动一：翻开手册，开启红色之旅

活动地点：教室

活动内容：

1. 辅导员介绍活动手册的意义及考察内容。（见"活动资源链接 1"）

2. 队员们通过活动前期的资料收集，将前期搜集的英烈事迹记录在活动手册上。

活动二：学习史料，追寻红色印记

活动地点：陈云与松江地区农民暴动史料馆

活动内容：

1. 寻找红色印记：小队内的 3 组队员分别前往"暴动前夕的宣传发动""暴动打响时的浴血奋战""暴动受挫后的前赴后继"三板块，学习关于松江地区农民暴动的历史。

2. 记录红色印记：队员站立各板块前，手执活动手册和写字垫板，将印象深刻的内容记录在活动手册中。

3. 分享红色印记：各小组队员自行学习后，互相交流学习成果，及时补充在自己的活动手册中。

活动三：红色讲解，缅怀革命先烈

活动地点：陈云与松江地区农民暴动史料馆

活动内容：

1. 红色讲解：根据活动前布置的任务，每一位队员都担任红色讲解员，在对应的位置，向队员们讲述自己了解到的革命先烈事迹，并表达自己的感受。

2. 队员倾听：其他队员在活动过程中要认真聆听，并将相关先烈的事迹及时记录在活动手册中。

活动四：红色碎片，拼接红色记忆

活动地点：陈云与松江地区农民暴动史料馆外部的场地

活动内容：

1. 寻找红色碎片：队员们从馆内出来后，在外部的场地中寻找"红色碎片"（见"活动资源链接2"）。

2. 拼接红色碎片：将找到的红色碎片拼接在一起，比一比哪一组队员找到的碎片多。

3. 深化红色记忆：请找到碎片最多的一组队员朗读"红色碎片"中的内容，深化对陈云与松江地区农民暴动史料馆的认识，以及对革命先辈的记忆。

六、活动延伸

1. 活动手册展览会——校园文化长廊

通过校园文化长廊，展示队员们参观枫泾暴动指挥所的学习成果。以展览形式吸引师生前来参观，帮助队员们了解枫泾暴动这一段革命斗争的光辉历史。

2. 先烈故事永传承——红领巾广播

通过每周红领巾广播，向校园内的所有队员们讲述英烈事迹，例如"坚强不屈的吴志喜""陈云爷爷小故事""烈士袁世钊"等。使更多的队员通过红领巾广播渠道，了解革命先烈事迹，激发他们的爱国爱乡之情。

3. 时代少年共发展——小队汇报展示

中队组织了一次小队汇报展示活动，本次活动将枫泾暴动的革命历史辐射至广泛的范围，使队员在学习的过程中潜移默化感知松江地区农民暴动所带来的影响。

打着队旗访云间

活动资源链接1

寻访"陈云与松江地区农民暴动史料馆"
小队活动手册

英烈事迹知多少		
暴动前夕的宣传发动	暴动打响时的浴血奋战	暴动受挫后的前赴后继
我的收获（画一画、贴一贴或写一写）		

基地二　陈云与松江地区农民暴动史料馆

活动资源链接 2

红色碎片

当时的枫泾地处江浙边界，20 世纪 20 年代，以市河为界，一镇跨两省，南镇属浙江嘉善县，北镇属江苏松江县。这里河道纵横，土地肥沃，沪杭铁路横贯全境。可是当时，这里由于连年军阀混战，地主残酷剥削，广大农民食不果腹，衣不蔽体，民生凋敝，民怨沸腾。

1927 年党的八七会议后，中共江苏省委派陈云到青浦、松江、金山一带贯彻会议精神，发动农民秋收暴动。陈云与在枫泾农村的袁世钊取得联系，积极发展农村党员，一支农民革命军建立了起来。

1928 年 1 月初，在陈云和青浦县委直接领导下，青浦农民革命军在青浦小蒸举行秋收起义。起义后，青浦的农民军转移到枫泾农村，并和枫泾地区的农民军联合起来，准备举行枫泾暴动。一时间，"农民要暴动"的传说不胫而走，"打倒土豪劣绅""实行耕者有其田"等口号响彻四乡。镇上的地主豪绅和反动当局惊恐万状。

然而，正当枫泾地区革命形势高涨，农民军准备攻打枫泾的时候，枫泾镇的自卫团总、商会会长、土豪劣绅密谋策划，连连向松江和嘉兴请兵。国民党驻嘉兴部队派一个营兵力，松江也派两个连兵力，于 1928 年 1 月 18 日分别乘火车、驳船，水陆并进赶到枫泾镇上南北自卫团一起，连夜向枫泾区委和农民革命军进行"围剿"。19 日凌晨，农民革命军遭到敌军三个连的包围，吴志喜、陆龙飞闻讯立即率部抗击，终因寡不敌众，弹药耗尽而被捕。袁世钊、顾桂龙等率领部分农民军突围，边打边撤，向青浦小蒸方向转移。敌人挨户搜查，又抓捕了 60 余人。陈云、袁世钊等 24 人被敌通缉。敌人到处张贴布告悬赏："如有将首犯拿获讯实者每名赏洋 300 元。"

1 月 26 日，吴志喜在松江水校场英勇就义，临刑前态度泰然，对群众演说："共产党是工农贫民的党，我为共产党而死，为工农贫民而死，死也甘心。"同一天，陆龙飞也慷慨就义于枫泾文昌阁，年仅 23 岁。

枫泾暴动失败后，陈云被悬赏通缉，即转移到浙江嘉善李桂卿家，化名李介生隐蔽下来，继续领导淞浦地区的农民革命斗争。袁世钊等共产党员不顾国民党反动派通缉的危险，几度秘密返回枫泾，继续发动农民群众，重新点燃起嘉善农民革命斗争的火种。

革命火种，生生不息。受枫泾暴动的影响，后来里泽、枫南等地也爆发了农民运动，虽然最后都被国民党反动派镇压，但革命教育了人民，党点燃的革命火种始终亮在群众心中。星星之火，已经燎原。那些为了人民挺身而出牺牲的人们，他们英勇正义的精神，都值得我们一直铭记。

活动方案三　寻"枫泾暴动"足迹　悟革命先辈精神
——小队寻访活动

一、活动目的

通过小队寻访陈云与松江地区农民暴动史料馆活动，让队员们在学习枫泾暴动的光辉历史中了解老一辈无产阶级革命家的艰辛；学习革命先烈们视死如归、顽强奋斗、无私奉献的崇高精神，体会当下美好生活的来之不易，培养队员们爱党、爱国、爱家乡的深厚情感。

二、活动地点

陈云与松江地区农民暴动史料馆

三、活动对象

××小队队员、中队辅导员或校外辅导员

基地二 陈云与松江地区农民暴动史料馆

四、活动准备

项目	具体内容
人员要求	（1）旗手 1 名 （2）中队辅导员 1 名 （3）队员 8—10 名 （4）校外辅导员（家长）1 名
物品准备	小队旗 1 面、活动手册、照相机 3 个
其他准备	召开小队会议，制定寻访方案 （1）确定寻访时间：各小队共同商讨和确定寻访时间 （2）商讨寻访路线：组员根据场馆简介，设计寻访线路，完成寻访活动 （3）布置寻访任务：小队成员根据个人特长分配任务，完成拍摄组、记录组、交流组、后勤组的任务分配。每位队员准备 1 名烈士的事迹，担任红色讲解员（见"活动资源链接"）

五、活动过程

活动一：知枫泾暴动，寻红色记忆

活动地点：陈云与松江地区农民暴动史料馆

活动内容：

1.了解枫泾暴动的历史——队员们聆听场馆讲解员老师讲述枫泾暴动光辉历史，并通过一幅幅真实的历史照片，一件件历史车轮沉淀的物件，学习了解这段历史。

2.认领任务，完成手册——提供活动手册，给出四个任务单，队员们 2—3 人结对认领小任务，共同完成寻红色记忆活动手册任务单，任务单如下：

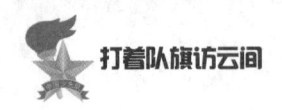

红色记忆活动手册任务单

任务 1
枫泾暴动发生的历史背景：

任务 2
枫泾暴动前的宣传发动：

任务 3
枫泾暴动后的深远影响：

任务 4
枫泾暴动历史的时间轴：

基地二　陈云与松江地区农民暴动史料馆

队员们参观史料馆

活动二：识英雄人物，蓄红色能量

活动地点：枫泾暴动指挥所

活动内容：

1. 担任红色讲解员——每位队员担任红色讲解员，在场馆对应的位置向队员们讲述自己了解到的英烈事迹，并表达自己的感受，队员们在活动过程中认真聆听和记录。

2. 互动交流——辅导员引导队员们学习革命先烈们视死如归、顽强奋斗的崇高精神，感悟革命精神，争做新时代好队员。

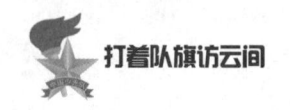

带小队员们认识英雄人物

活动三：诵革命标语，话红色担当

活动地点：枫泾暴动指挥所

活动内容：

1. 寻找革命标语——小队队员每2—3人为一组寻找陈列室里的革命标语，并与同伴摆出与标语情境一致的造型拍照留念。

2. 诵读革命标语——辅导员老师或家长组织队员集合，分组诵读寻找的革命标语，队员相互评价，评选最佳诵读组。

3. 共话红色担当——队员们畅谈诵读感受，用自己的话解读标语内容，进一步感受革命先烈的伟大壮举，铭记历史，珍惜当下幸福生活的来之不易。辅导员总结讲话，激励队员们传承红色基因，从小学先锋，长大做先锋。

六、活动延伸

在寻访活动后，队员们积极撰写寻访收获，通过各种网络途径发布队员们的寻访成果。

活动资源链接

"寻'枫泾暴动'足迹，悟革命先辈精神"小队活动记录表

学校：	小队名：
寻访时间：	小队成员：
寻访地点：	
寻访收获：	

基地三 上海市松江烈士陵园

基地三　上海市松江烈士陵园

基地简介

上海市松江烈士陵园坐落于上海市车墩镇联络公路753号，前身是坐落在县苗圃桃园内的侯绍裘、姜辉麟烈士纪念碑。在1986年5月，往松江县（现松江区）人民政府批准定名为"松江烈士陵园"，2011年经松江区委、区政府决定，进行整体改建。烈士陵园作为重要爱国主义教育阵地，已开展了许多各类党团活动、入团入队、换巾仪式等仪式教育活动，不断激发一代代少先队员的爱国热情，传承红色基因。

松江烈士陵园庄严静谧，前来参观的队员们都会怀着肃穆的心情，自觉有序地进入陵园。在占地2万平方米的陵园有纪念馆、墓区、碑林区、纪念广场等几大功能区。

一进烈士陵园正门，就能看到烈士陵园的标志性建筑物——高达20米的红旗纪念碑。纪念碑由四片呈下垂状的红旗组成，分别代表了大革命、抗日战争、解放时期、社会主义建设时期，表达着对革命烈士的悼念，枫叶红色的墙体似被烈士们抛洒的鲜血染红，碑体上黑底金字"死难烈士万岁"六字系毛泽东同志的手迹。

烈士墓区安息着173位忠魂，其中有2座合葬墓，分别是为了纪念在淞沪战役米市渡狙击战中牺牲的烈士和在解放松江战役中牺牲的无名烈士。

松江烈士陵园纪念馆是以纪念松江地区革命先烈为主题的教育场所，纪念馆重点展出了松江各个时期具有代表性的22名烈士的英雄事迹。少先队员可以通过参观纪念馆了解在新民主主义革命和社会主义建设时期松江地区

革命英烈的事迹和光辉业绩，激励队员们继承和发扬革命烈士的精神，为建设繁荣富强的祖国与美好和谐的家园而努力。

人物故事：顾桂龙、吴光田、夏秋生

故事一　铁骨铮铮闹革命——顾桂龙

顾桂龙，1896年出生于当时的松江县新浜乡钱家草村（现松江区新浜镇赵王村）一个贫苦农民家庭。他10多岁就给地主当小长工，年近30岁才勉强成家，一家长期遭受地主欺凌压榨。后来，他因结识了共产党人袁世钊，在其启发教育下参加中国共产党。入党后，根据组织指示，在钱家草筹建农民协会。在枫泾积谷仓农会成立大会上，顾桂龙等曾对农民说："地主豪绅如要收足七成，我们就一粒不交，出了事农会担当。"

地主豪绅为破坏抗租斗争，威逼利诱，磨刀霍霍。但是农会并没有与之对抗的武器，顾桂龙等就只得设法到上海买枪。买枪的同志，有的把短枪放在包裹里带回；有的把长枪放在麻袋里用船装回。就这样七零八凑地组成了一支拥有一些长短武器的农民军，也被称为"红枪队"。

渐渐地，农会在斗争中不断发展壮大。1928年正当农会准备暴动之时，地主豪绅联合当地武装"围剿"农民军，顾桂龙的战友们牺牲了，他也被列为"通缉要犯"之一。

但他们并没有被吓倒，而是选择继续战斗。1928年夏，顾桂龙等按党组织指示，准备当年的秋收斗争。经过艰苦努力，他们先后恢复建立了17个党支部，有党员六七十名，恢复建立枫泾区委，并建立农民运动委员会。陈云当时对恢复后的枫泾区委评价很高，他说："王子琴、顾桂龙下乡后情形很好，群众情绪不差，地主有奈何之叹，农民阶级觉悟较高，顾桂龙群众号召力较大。"但该区委被农会中叛徒出卖，又遭到重大挫折。

1930年夏，顾桂龙等准备在金山卫的盐民中开展工作。当时，他身体尚未完全恢复。离别时，他对自己的孩子明珠说："在家听妈的话，帮助做事，好好念书。阿爸是不识字苦恼。我出去过些时候回来！"

但在途中，他不幸被捕。面对敌人的严刑逼供，顾桂龙从容回答："不知道，一人做事一人当！"在狱中，敌人对他滥施刑罚，上老虎凳，灌辣椒水，用烙铁烧……把一根根竹签钉进他的指缝，他的十个指头都被戳烂了，但顾桂龙大义凛然，坚贞不屈。1930年8月2日，顾桂龙在松江玉皇阁英勇就义，时年34岁。他就义时，不断高呼"共产党万岁！"。

如今，这座刻有陈云同志亲笔敬书的"顾桂龙烈士永垂不朽！"的丰碑屹立在烈士陵园。一座丰碑，就是一个英烈的缩影，他们见证着我们祖国的发展壮大。如今的盛世，正是这些英烈们用鲜血换来的。作为新时代的少年们，我们应不忘时代英雄，接过历史的"接力棒"，珍惜幸福生活，用自己的智慧和双手创造更美好的明天。

> **学生读后感**
>
> 　　当我读完《铁骨铮铮闹革命——顾桂龙》一文后，内心十分激动。出身贫寒的他，靠着自己的努力成家立业，在入党后找到了自己的人生奋斗目标。或许就是因为这份韧劲儿，面对重重困难时，顾桂龙丝毫没有放弃，一次又一次地投入到革命战斗中。即便面临随时牺牲的危险，他也无所畏惧，坚定地选择革命之路，我想这就是他的红色初心。当他被逮捕入狱时，面对各种残酷的刑罚，他也没有出卖自己的组织。我佩服他的英勇和顽强。
>
> 　　作为新时代的小学生，我们是幸福的、快乐的、安逸的。而这美好的一切都是许许多多像顾桂龙这样的英烈用鲜血换来的，我们还有什么理由不好好学习呢？还有什么借口不奋发向上呢？还有什么不能克服的困难呢？如今他虽已长眠于地下，但这座丰碑如同他一样永远屹立在祖国的大地上，向我们诉说着那一段铁骨铮铮闹革命的历史。
>
> 　　　　　　——上海市松江区九亭第四小学五（6）小荷中队　邵子默

（本故事参考：松江烈士陵园基地微信公众号官方资料）

故事二　一腔热血写春秋——吴光田

　　吴光田出生于松江阔街的一个书香门第。他从小品行优良、爱好经史、聪敏好学，深得父母族人的宠爱。他在南京就学时受到五四运动思想的熏陶，十分痛恨旧社会的不公。

1925年，五卅运动的风暴席卷全国。吴光田在经过五卅运动的战斗洗礼和阅读革命刊物后，革命思想得到了升华。他参加中国共产主义青年团，成为共青团南京地委城北支部的一员。1926年吴光田升入东南大学后积极投身工人运动和迎接北伐的斗争。他秘密组织进步同学，在中国共产党的领导下沉着应战，不顾环境恶劣进行革命宣传。即便母亲六十大寿，他也毅然投入革命，放弃回家。

1927年2月，东南大学开学之际正逢"军事紧急，南京戒严"，同学们不敢到校，吴光田却执意回校。临行前，他的父亲以乱世之年不便外出为由加以劝阻，但光田以"国家飘摇若此；正青年奋发有为之日"据理力争。吴光田所想到的不是个人和家庭，而是民众与国家。他深感时下正值非常时期，"非努力进行不足以唤起民众""非共同奋斗不足以铲除军阀"。为了不受忧虑的父母和伤心的恋人阻拦，吴光田不辞而别，日夜兼程，一路疾行。

1927年3月，在反动军阀死守南京重镇的情况下，吴光田仍然坚守在革命宣传的阵地。15日清晨，他被反动军阀逮捕，备受酷刑，遍体鳞伤，但拒不供出同志和组织，英勇不屈，坚持斗争。当他得知被反动军阀判处死刑后，他两次致函同乡转达父母："不要悲伤，儿并非不孝而离开父母……只是为革命牺牲，余死亦情愿。"

3月17日下午3时，吴光田在南京太平门小营惨遭杀害，时年20岁，是松江烈士陵园内记录牺牲最早的一名烈士。临刑前，他大骂军阀祸国殃民，表现了革命者大义凛然的战斗精神。噩耗传出，曾得到吴光田帮助、教育的当地群众个个哀悼惋惜，失声痛哭。

吴光田烈士在人生的道路上，尽管只匆匆地走过20个春秋，然而

打着队旗访云间

他英勇无畏,为革命捐躯的浩然正气如贯长虹。他那用生命和热血谱写的青春乐章,永远激励着我们青少年一代在社会主义建设事业的大道上奋勇前进。

学生读后感

读完《一腔热血写春秋——吴光田》一文后,我深感青年革命烈士的伟大。20岁,在人生中最美好的时光里,吴光田为了心中的信仰、为了民族的复兴、为了国家的富强,义无反顾、毅然决然地踏上了自己的革命之路,将青春的热血挥洒在革命的征途中、挥洒在民族强大的伟业中、挥洒在国家振兴的事业中。

我想正是因为中华民族是一个顽强的民族,所以中华大地才能孕育出无数像吴光田这样充满热血、坚守信念、勇往直前的中华儿女。我辈正逢时,奋斗正当季。

少年强则国强,少年富则国富。作为新时代的一名少先队员,每当看到胸前飘扬鲜艳的红领巾时,每当回想起这些英烈们时,每当看着我们的国家发展壮大时,我的内心不由生出一股自豪感,我想我们可以用最响亮的声音告慰这些死难的烈士:"这盛世,正如您所愿!未来,有我们在!"

——上海市松江区九亭第四小学五(8)蓝精灵中队 张嘉泽

(本故事参考:松江烈士陵园基地微信公众号官方资料)

故事三　抗日小英雄——夏秋生

夏秋生的故事还要追溯到 1937 年。他小小年纪，却饱受战争之苦。

1937 年，日军为占领松江城，在松江城内丢炸弹、烧房子、杀百姓、抢夺财物。这一幕幕被住在城中只有十来岁的夏秋生深深印在脑海中。从此，他便对日寇恨之入骨，同时，这种亡国苦、民族恨，也深埋在他幼小的心灵里。

1938 年腊月里的一天上午，夏秋生来到学校附近的方塔，在平时经常去游玩、年久失修的方塔底层墙壁上，用黄色的碎砖角，有力地划写出"打倒日本帝国主义"八个大字。过了一段时间，这几个字恰好被几个走街串巷、嗜血成性的日本军看到，引起了他们的不满。当天下午，一队荷枪实弹的日本兵包围了方塔附近的三公街，强逼居民交出写这条标语的人，但一无所获。日本军官心生一计，把当地的少年儿童集中起来，哄骗威逼，希望从中找到线索，可是没有一个孩子吐露实情。于是，鬼子就强迫孩子们写字，终于通过比对笔迹的方法查出了是夏秋生所写。愤怒的鬼子踹开了夏家的大门，一把把小秋生拖到桥上，要他说出是谁指使他写的，是哪个老师教他写的。但无论敌人怎么逼迫，可敬的夏秋生始终不说一句话。此时，日军兽性大发，将夏秋生一把抓起，猛地将他摔向河里。秋生身上的棉袄马上被河水浸透，四肢冻得发紫，浑身麻木，但英雄少年没有屈服，毅然从水中爬上岸来。而残忍的日军又一次狠狠地将他摔入河中。夏秋生的姐姐拼着命从河里救起了他，并把他藏在了家里，刚给他换好衣服，还没来得及扣上扣子，日本兵又冲进屋里，把小秋生拖出了家门。残忍的日本兵把夏秋生押到方塔墙前，背倚塔身，面向南方。日本军官用手枪对准他的胸膛，用生硬的中国话威逼夏秋生。夏秋生不但不软弱，还怒目而视，始终一言不发。鬼子见威逼无效，就用刺刀将他活活刺死，抛尸在塔下。小英雄的鲜血染红了一大片土地，顺着塔渗进了家乡的泥土里。

小秋生牺牲时，年仅十二岁。如今，那座古方塔，已修葺一新，成为了他藐视敌人、反对侵略者、伸张民族正气的英雄事迹的最好见证。为让夏秋生的故事永远铭记在松江人民的心中，他的一尊铜像矗立在上海市松江区中山小学，时刻提醒校内莘莘学子学习他"小年纪，大气概"的品格。

学生读后感

当我读完《抗日小英雄——夏秋生》这篇文章，我的心情难以言表。

在抗日战争时期，夏秋生满怀爱国热忱，与嗜血成性的日军展开英勇无畏的斗争，最终被日军残忍地杀害。小英雄的血染红了大地，渗进了家乡的泥土里，也激起了同胞与日本帝主义斗争到底的决心。

夏秋生牺牲时，年仅十二岁，但他懂得有国才有家，爱国不分大小的道理。他的这种精神值得我们永远铭记。20世纪30年代，那时的中国积贫积弱，日本帝国主义发动全面侵华战争，给中华民族带来了巨大的伤害与灾难。我们虽生活在和平年代，但前事不忘，后事之师，只有国家繁荣昌盛，才能抵抗任何外敌的侵略，保护我们的同胞。

作为少先队员，我们应该牢记先烈的英雄事迹，鞭策自己用心学习，做祖国的栋梁之材，为国家与民族的复兴、强大做一份贡献，出一份力量。

——上海市松江区泗泾实验学校五（3）中队　张书妍

小知识测一测

1. 松江烈士陵园位于松江区哪个镇？（　　）

　　A. 叶榭镇　　　　　　B. 泗泾镇　　　　　　C. 车墩镇

2. 松江烈士陵园的前身是坐落在松江苗圃桃园内的_____和_____烈士纪念碑。（　　）

　　A. 侯绍裘　俞祖耀　　B. 侯绍裘　姜辉麟　　C. 吴光田　姜辉麟

3. 松江烈士陵园纪念广场上纪念碑碑体上"死难烈士万岁"6个黑底金字是谁的手迹？（　　）

　　A. 习近平　　　　　　B. 毛泽东　　　　　　C. 江泽民

4. 松江烈士陵园主轴线上的纪念碑由_____组成，分别代表了大革命、抗日战争、解放时期、社会主义建设时期。（　　）

　　A. 四片呈下垂状的红旗

　　B. 五片呈下垂状的红旗

　　C. 四片飘扬的红旗

5. 烈士纪念日，是纪念本国英雄的法定纪念日，我国的烈士纪念日是哪一天？（　　）

　　A. 4月4日　　　　　　B. 9月30日　　　　　C. 8月18日

6. 纪念馆重点展出了松江各个时期具有代表性的几位烈士的英雄事迹？（　　）

　　A. 22　　　　　　　　B. 23　　　　　　　　C. 24

7. 松江烈士陵园内牺牲最早的烈士是谁？（　　）

A. 侯绍裘　　　　　B. 吴光田　　　　　C. 夏秋生

8. 松江烈士陵园墓区安息着173位忠魂，其中有2座合葬墓，分别是为了纪念在_____中牺牲的烈士和在_____中牺牲的无名烈士。（　　）

A. 淞沪战役米市渡狙击战　解放松江战争

B. 淞沪战役米市渡狙击战　抗日战争

C. 淞沪战役米市渡狙击战　社会主义建设时期

9. 纪念馆中令你印象最深刻的红色故事是什么？

_____

参考答案

1. C　2. B　3. B　4. A　5. B　6. A　7. B　8. A　9. 略

实践活动方案

活动方案一　缅怀先烈　感悟精神
——小队寻访活动

一、活动目的

队员们通过参观烈士纪念馆，探寻历史物品背后的故事，从而深入了解英烈事迹，感悟英烈们的伟大。通过亲手制作黄花、开展祭扫仪式、讲述英烈故事等一系列体验活动，队员们切实表达对烈士的深情缅怀和崇高敬意，同时感悟烈士们的先锋精神，激发队员们内在的爱国情怀，自觉传承红色基因，争做时代新人。

二、活动地点

上海市松江烈士陵园

三、活动对象

××小队队员、中队辅导员或校外辅导员

四、活动准备

项目	具体内容
人员要求	（1）旗手 1 名 （2）中队辅导员 1 名 （3）队员 7—14 名 （4）校外辅导员（家长）1 名
物品准备	（1）小队旗 1 面 （2）活动手册 （3）折纸材料 （4）音响

五、活动过程

活动一：折小黄花，寄托哀思

活动地点：教室

材料准备：皱纹纸、剪刀、短绳

活动内容：

1. 辅导员介绍折小黄花的方法以及代表的含义。

2. 队员们动手制作小黄花。

3. 制定活动手册考察内容，安排每位队员担任小小讲解员，通过之前的资料收集，准备 500 字左右的英烈事迹。

4. 向队员们讲解活动纪律与要求。

活动二：祭扫仪式，缅怀先烈

活动地点：上海市松江烈士陵园——纪念广场、烈士墓区

材料准备：音响、小队旗、小黄花

基地三　上海市松江烈士陵园

活动内容：

1. 全体肃立，面向纪念碑，齐唱国歌。

2. 前往烈士墓区向烈士墓碑三鞠躬，并献上小黄花，以表达对烈士的崇高敬意。

3. 向纪念碑默哀三分钟，表达对烈士的无限哀思。

4. 在碑林区诵读烈士诗歌与家书。

祭扫英烈仪式

活动三：做红色讲解员，扬英烈事迹

活动地点：上海市松江烈士陵园——英烈纪念馆

活动准备：每位队员准备一名烈士的事迹，担任红色讲解员

活动内容：

1. 红色讲解员：根据提前布置的任务，每一位队员都担任红色讲解员，在对应的位置，向队员们讲述自己了解到的英烈事迹，并表达自己的感受，

087

队员们在过程中进行认真聆听和记录。

2. 优秀党员带队员：邀请党员辅导员或党员家长，向队员们讲述作为新时代的队员，要热爱党、热爱祖国、热爱人民，激励队员们努力成为有知识、有品德、有作为的新一代建设者，要准备着为实现中华民族伟大复兴的中国梦贡献力量。

活动四：寻"宝"传奇，探寻红色记忆

活动地点：上海市松江烈士陵园——英烈纪念馆

活动准备：活动手册

活动内容：

纪念馆中陈列了许多烈士的生前用品，每一个实物背后都包含着不同的历史。在活动手册中，给出五个历史实物名称，例如：包装纸、一面自制的小国旗、中国人民志愿军随军银行信封、军用指北针等实物，让队员们根据名称、带着任务，在纪念馆中寻找实物，通过拍照、手写简要记录下实物的出处和背后的历史，完成小队寻"宝"活动手册。

六、总结延伸

1. 英烈精神我来讲——十分钟队会

参加"打着队旗去考察"活动的队员们，可以将所见、所闻、所想，用队员们喜闻乐见的形式，利用好十分钟队会或少先队活动课或升旗仪式，向其他没有参加的队员讲述烈士陵园的英烈精神，并向队员们展示英烈遗物，讲述实物背后的故事。

2. 讲述红色故事——红领巾广播

利用好每周红领巾广播，开设《英烈专栏》，向所有队员们讲述英烈事迹，例如"以笔为枪的松江烈士""钢铁战士——钮柏祥""泖港烈士——蒋道林"等，让队员们通过红领巾广播阵地，去认识、了解英烈事迹，以他们为榜样，学习而奋斗！

活动方案二　弘扬英烈精神　继承先烈遗志
——五年级中队祭扫活动

一、活动目的

1. 了解松江革命先烈的英勇事迹，激发对革命英雄的崇敬之情，从而树立从小学先锋、长大做先锋的理想信念，厚植爱国爱党情感。

2. 寻找身边青春榜样，从小立志学习先锋人物，坚定不移听党话，跟党走的理想信念。

二、活动地点

上海市松江烈士陵园

三、活动对象

五年级队员、中队辅导员

四、活动准备

项目	具体内容
人员要求	（1）主持人 2 名 （2）分享英烈事迹 4 名 （3）分享感言若干名
物品准备	（1）中队旗 1 面、旗架 1 个 （2）小黄花 （3）活动卡 （4）音乐：《出旗曲》《退旗曲》《生长吧》《我们是共产主义接班人》、祭扫音乐

五、活动过程（主持稿见"活动资源链接 1"）

活动一：观看红色教育片，了解革命精神

活动地点：展厅二楼教室

活动准备：红色教育片《永不凋谢的芳华》

活动内容：

1. 观看"追寻先烈足迹"短视频——《永不凋谢的芳华》，初步了解松江英烈忠魂的感人事迹。

2. 队员分享观后感，能说出 1—2 名烈士的英勇事迹。

活动二：认领活动记录卡，寻迹红色故事

活动地点：上海市松江烈士陵园——英烈纪念馆

活动准备：活动卡（见"活动资源链接 2"）

活动内容：

中队分成 4 个小队，各小队抽取一张活动卡，根据活动卡上的任务寻迹

基地三　上海市松江烈士陵园

英烈故事，并用笔简要记录完成记录卡。内容包括：人物生平介绍、英勇事迹、英烈精神和个人感悟。

活动三：分享红色小故事，弘扬英烈精神

活动地点：展厅二楼教室

活动准备：典型人物事迹

活动内容：

1. 红色讲解员：各小队代表向队员们分享小队在寻迹过程中了解到的英烈事迹，并表达自己的感受。

2. 中队辅导员总结。

活动四：开展祭扫仪式，传承先烈遗志

活动地点：上海市松江烈士陵园——纪念广场、烈士墓区

材料准备：音响、中队旗、小黄花

活动内容：

1. 全体肃立，面向纪念碑，齐唱国歌。

2. 前往烈士墓区向烈士墓碑三鞠躬，并献上小黄花，以表达对烈士的崇高敬意。

3. 向纪念碑默哀三分钟，表达对烈士的无限哀思。

4. 在碑林区诵读烈士诗歌与家书。

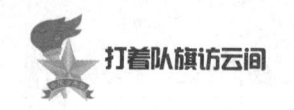

为英烈献花

六、活动延伸

1. 英烈知识我知晓

通过知识竞答的方式，进一步了解松江英烈事迹以及对陵园各功能区的分布。

2. 英烈家属我采访

通过采访英烈家属，进一步了解英烈背后的故事，并通过志愿服务告慰家属，并以 Vlog 的形式拍摄下采访过程，向更多人讲述松江英烈的故事。

3. 理想信念我追寻

通过思考出现社会公共事件时，为什么这么多人愿意挺身而出，讨论自己的梦想并小队讨论选择这些梦想的理由，思考 2—3 条具有可操作性的实现梦想的小策略。

基地三　上海市松江烈士陵园

活动资源链接 1

弘扬英烈精神　继承先烈遗志

——寻访上海市松江烈士陵园五年级中队祭扫活动主持稿

甲：亲爱的小伙伴们，

乙：尊敬的辅导员们，

齐：大家下午好！

甲：今天我们来到上海市松江烈士陵园，让我们寻访红色基地，缅怀致敬先烈英模，继承先辈的遗志。

★ 观看红色教育片，了解革命精神

（展厅二楼教室）

甲：首先，让我们走进展馆，观看红色教育片《永不凋谢的芳华》，追寻先烈的足迹。

（观看教育片）

乙：队员们，刚才我们一同观看了红色纪录片《永不凋谢的芳华》，173位英烈忠魂的感人事迹，不仅是松江人民的骄傲，也是中国人民的宝贵精神财富。你们有什么样的感受呢？

（队员发表感言）

★ 认领活动记录卡，寻迹红色故事

（英烈纪念馆）

甲：我想关于这段红色历史，你们想了解的还有很多很多……现在，让我们分小队到展厅内自由寻访，我们的寻访时间为 10 分钟，记得先在小队

里面分好工，再走访，走访时注意安全，千万不要忘记把你们小队的所闻所见所想记录下来，10分钟后我们回到这里，分享寻访成果！

（各小队自由走访）

★ 分享红色小故事，弘扬英烈精神

（展厅二楼教室）

甲：看来每个小队都是满载而归，哪个小队愿意先分享你们的收获呢？

（队员分享）

乙：队员们，今天我们祭英烈、谈感受、寻足迹，了解到在这片红色土地上无数革命先烈不畏牺牲换来了我们今天幸福的生活，作为新时代接班人的我们，该如何传承英烈精神？

（队员交流发言）

甲：英烈精神是我们宝贵的财富，要铭记于心，永远传承。让我们做好红色基因的传承者，让我们做好英烈精神的发扬者！下面有请中队辅导员对本次活动做总结。

中队辅导员：队员们，今天我们走出课堂，寻得了松江英烈的故事。希望今后每一位队员都能当好红色基因的传承者和英烈精神的发扬者！

乙：谢谢××老师。亲爱的小伙伴们，让我们以古今英雄人物为榜样，传承红色基因，激发奋斗动力，在雏鹰奖章的争章过程中立志向、修品行、练本领，听党的话，跟党走，做新时代的追梦人。

甲：下面让我们一起前往革命烈士纪念碑前，缅怀先烈，开展祭扫活动。

★ 开展祭扫仪式，传承先烈遗志

（纪念广场、烈士墓区）

甲：全体肃立，面向纪念碑，齐唱国歌。

乙：奏唱中国少年先锋队队歌。（音乐《我们是共产主义接班人》完整两段）

甲：今天，我们所拥有的幸福生活，是多少英雄烈士换来的。历史不容忘却，让我们铭记历史、学会感恩，继承先烈遗志，为实现中华民族伟大复兴的中国梦而努力奋斗！请××代表向烈士敬献花圈。（音乐《献花曲》）

全体立正！行三鞠躬礼！

一鞠躬……二鞠躬……三鞠躬……

乙：下面请队员们按次序瞻仰烈士碑林、墓区。（祭扫音乐）

★ 活动结束

活动资源链接2

活动卡1　大革命时期

大革命时期
生平简介：_____
英烈事迹：_____   _____   _____
英烈精神：_____   _____   _____
感悟分享：_____   _____   _____   _____

活动卡 2　抗日战争时期

抗日战争时期
生平简介：_____ 英烈事迹：_____ _____ _____ 英烈精神：_____ _____ _____ 感悟分享：_____ _____ _____

活动卡 3　社会主义建设时期

社会主义建设时期
生平简介：_____ 英烈事迹：_____ _____ _____ 英烈精神：_____ _____ _____ 感悟分享：_____ _____ _____

活动卡 4　解放战争时期

解放战争时期
生平简介：＿＿＿＿＿＿＿＿＿＿＿＿＿＿＿＿＿＿＿＿＿＿＿＿
英烈事迹：＿＿＿＿＿＿＿＿＿＿＿＿＿＿＿＿＿＿＿＿＿＿＿＿ ＿＿＿＿＿＿＿＿＿＿＿＿＿＿＿＿＿＿＿＿＿＿＿＿＿＿＿＿＿ ＿＿＿＿＿＿＿＿＿＿＿＿＿＿＿＿＿＿＿＿＿＿＿＿＿＿＿＿＿
英烈精神：＿＿＿＿＿＿＿＿＿＿＿＿＿＿＿＿＿＿＿＿＿＿＿＿ ＿＿＿＿＿＿＿＿＿＿＿＿＿＿＿＿＿＿＿＿＿＿＿＿＿＿＿＿＿ ＿＿＿＿＿＿＿＿＿＿＿＿＿＿＿＿＿＿＿＿＿＿＿＿＿＿＿＿＿
感悟分享：＿＿＿＿＿＿＿＿＿＿＿＿＿＿＿＿＿＿＿＿＿＿＿＿ ＿＿＿＿＿＿＿＿＿＿＿＿＿＿＿＿＿＿＿＿＿＿＿＿＿＿＿＿＿ ＿＿＿＿＿＿＿＿＿＿＿＿＿＿＿＿＿＿＿＿＿＿＿＿＿＿＿＿＿

活动方案三　人大领巾大　人大责任大

——六年级换戴大号红领巾仪式

一、活动目的

1. 通过了解烈士事迹激发对革命英雄的崇敬之情，树立从小学先锋、长大做先锋的理想信念，厚植爱党爱国情感。

2. 通过重温誓词引导队员继承和弘扬少先队的光荣传统，增强少先队的光荣感和自豪感。

3.通过争立志章启动仪式增强少先队员的责任感和使命感，激励队员发扬顽强拼搏、奋发向上、开拓进取的精神。

二、活动地点

上海市松江烈士陵园

三、活动对象

全体六年级学生、六年级中队辅导员、校少工委委员

四、活动准备

项目	具体内容
人员要求	（1）主持人2名 （2）旗手1名、护旗手2名 （3）宣读名单和寄语：少工委主任 （4）宣讲烈士事迹代表1名 （5）队员代表发表感言：1名 （6）授大号红领巾：各中队辅导员 （7）带领呼号：大队辅导员
物品准备	（1）中队旗若干面（按中队数）、旗架1个、大队旗1面 （2）大号红领巾若干条 （3）音乐《出旗曲》《退旗曲》《雏鹰之歌》《我们是共产主义接班人》《献花曲》

五、活动过程（主持稿见"活动资源链接"）

1.宣布仪式开始；

2.出旗（奏《出旗曲》，全体队员敬礼）；

3. 唱队歌《我们是共产主义接班人》；

4. 宣讲烈士事迹；

5. 敬献花圈，奏《献花曲》，三鞠躬；

6. 宣布中队成立决定及聘任辅导员名单；

7. 换大号红领巾；

8. 重温入队誓词；

9. 队员代表发表感言；

10. 学校少工委主任致词；

11. 呼号；

12. 退旗；

13. 仪式结束；

14. 瞻仰烈士纪念碑。

换大号红领巾

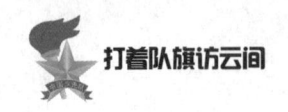

六、活动延伸

1. 讲述一段英烈故事

通过红领巾广播、主题队会等平台主动向中队队员或全校队员讲述一段寻访过程中让队员印象最深的英烈故事。

2. 开展一次主题队会

将领巾换戴仪式和立志章相结合，开展主题中队会，让队员互相交流，分享感悟。并在后续日常生活中完成立志章考核内容，最终通过考核获得立志章。

3. 制定一份初中四年规划

通过领巾换戴仪式，帮助刚踏入初中生涯的队员们进一步明确自身的责任。在明确自己的方向和责任后，立下志向，重新制定和完善自己的四年规划，为走稳四年初中生活做好铺垫。

活动资源链接

人大领巾大　人大责任大
——松江烈士陵园基地六年级换戴大号红领巾仪式主持稿

甲：亲爱的小伙伴们，

乙：尊敬的辅导员们，

齐：大家，下午好！

甲：星星火炬指引我们方向；

乙：向着未来我们勇敢前进。

甲：今天，我们怀着崇高的敬意来到松江烈士陵园，缅怀先烈，寄托哀思，并将在烈士纪念碑前举行领巾换戴仪式。

乙：下面我宣布"人大领巾大　人大责任大"——××学校六年级换戴大号红领巾仪式正式开始！

★ 出中国少年先锋队队旗

乙：全体立正！出中国少年先锋队队旗，敬礼。

★ 奏唱中国少年先锋队队歌

甲：奏唱中国少年先锋队队歌。（音乐《我们是共产主义接班人》完整两段）礼毕！

★ 宣讲烈士事迹

乙：队员们，今天我们所拥有的幸福生活，是无数革命先烈前赴后继，浴血奋战换来的。作为少先队员的我们，不仅要缅怀先辈，铭记历史，还要做好红色基因的传承者！下面请队员代表××宣讲烈士夏秋生的事迹。

（宣讲英烈事迹）

甲：英烈精神是我们宝贵的财富，让我们铭记于心，永远传承。

★ 敬献花圈

乙：下面，请队员代表敬献花圈。

甲：全体立正，行三鞠躬礼！

一鞠躬……二鞠躬……三鞠躬……（祭扫音乐）

★ 宣布中队成立决定及聘任辅导员名单

乙：不知不觉，我们已经渐渐长大，步入初中生涯的我们跨入了人生又一个新的台阶。我们认识了新伙伴，加入了新集体，下面请学校少工委主任××宣读六年级新成立中队名单。

（宣读名单）

请少工委主任××为各中队授旗。

（授旗）

甲：让我们用掌声祝贺以上中队。队鼓敲打着我们的心房，队歌唱出了我们的心声。幼苗的成长，离不开园丁的细心照料；绿叶的繁茂，离不开雨露滋润，阳光照耀。我们深深地知道，每一个进步阶梯的登攀，都离不开辅导员的辛劳。每一份成绩的取得，都和我们的知心朋友连在一起。下面有请少工委主任××宣读各中队少先队辅导员名单。

（宣读名单）

请少工委主任××为中队辅导员颁发聘书。

乙：让我们用热烈的掌声对辛勤的辅导员们致以诚挚的祝贺。

★ 换大号红领巾

乙：从二年级开始，小红领巾就与我们相伴。一路走来，五年春秋，红领巾伴我们共同成长。跨入中学的我们已经长高长大，肩头的责任也要相应增加。下面进行换戴大号红领巾仪式。请年级辅导员××老师宣读本次换戴大号红领巾队员名单。

辅导员：我宣布××学校××等××名队员，从今天起光荣地戴上大号红领巾。

甲：下面，请跟随指令佩戴红领巾。（音乐《雏鹰之歌》）

乙：全体立正！

第一步：请队员们解下小号红领巾，叠放整齐，放进口袋。小号红领巾，您虽然离开了我们的胸膛，但将永驻我们的心房。

第二步：请队员们双手将大号红领巾捧于胸前。

第三步：请队员们翻起衣领，将大号红领巾佩戴在胸前。

第四步：请队员们翻下衣领，整理领巾。

甲：跨入中学的门槛，我们长大了，让我们记住今天的时刻，为自己的成长刻上一个光荣的烙印。轻轻地，我们将大号红领巾戴在胸前，一样的颜色，更深刻的意义。

乙：因为我们知道：人大领巾大，人大责任大！

★ 重温入队誓词

甲：历史将革命的接力棒传给了我们。今天，让我们在烈士纪念碑前留下我们庄严的誓言。下面请大队长××带领队员重温"入队誓言"，将责任铭记心间。

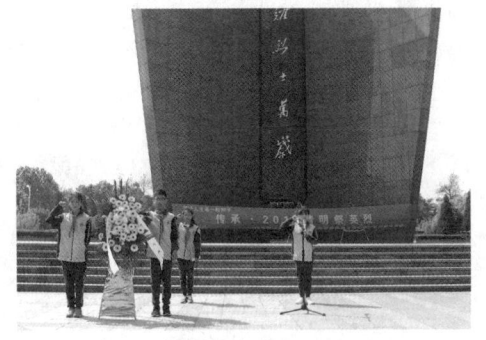

（大队长带领宣誓）

烈士碑前庄严宣誓

大队长：少先队员们，全体起立，举起拳，跟我宣誓：

"我是中国少年先锋队队员。我在队旗下宣誓：我热爱中国共产党，热爱祖国，热爱人民，好好学习，好好锻炼，准备着：为共产主义事业贡献力量！宣誓人：_____"

甲：一句句誓言，一个个决心，都是队员们的心声。让我们牢记星星火炬下的誓言，用实际行动为红领巾增添光彩，让胸前的红领巾更加鲜艳！

★ 队员代表发表感言

乙：回首过往，无数的红领巾战士敢为先锋，为祖国的成立牺牲生命；着眼当下，无数优秀的红领巾立志为先锋，为祖国的发展贡献力量。有请队员代表××发表感言。

（队员代表发言）

甲：少先队员们，戴上大号红领巾，代表我们不再是稚嫩的儿童，代表

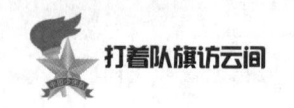

着我们将以成熟的面容面对明天，面对挑战，面对未来。让我们以自己的实际行动去争取初中阶段的第一枚红领巾奖章——立志章，在争章的过程中学习做人、学习立志、学习创造。

★学校少工委主任致词

甲：在这个特殊的日子里，我们的少工委主任一定有许多激动的话语要讲，请少工委主任××老师寄语，大家欢迎。

（少工委主任致辞）

★呼号

乙：队员们，请牢记师长对我们的嘱托与希望，传承红色基因，争做新时代好少年。最后，请校大队辅导员带领大家呼号！

大队辅导员："准备着，为共产主义事业而奋斗！"

全场合："时刻准备着！"

甲：我们是光荣的少先队员，我们是新时代的中国少年。

乙：我们是21世纪的主人，我们是新时代的雏鹰，让我们带着坚毅与勇气，乘风破浪奋力前行，用我们的勤奋和智慧献礼祖国。

★退旗

甲：全体立正！退旗！敬礼！礼毕！

★仪式结束

乙：队员们，让我们时刻牢记：从小学先锋、长大做先锋，为实现中华民族伟大复兴的中国梦时刻准备着！

甲：下面我宣布"人大领巾大　人大责任大"——××学校六年级换戴大号红领巾仪式——

齐：到此结束！

★瞻仰烈士塑像

甲：请各中队按次序瞻仰烈士纪念碑。（祭扫音乐）

基地四 红色堰泾党建文化长廊

基地四 红色堰泾党建文化长廊

基地简介

　　红色堰泾党建文化长廊作为松江区"四史"学习教育现场教育基地之一，集中展示了革命思想在浦南的传播过程，以及在此期间涌现的革命先烈和革命事迹。堰泾村位于松江区叶榭镇东侧，北枕黄浦江，呈蘑菇形，顶端向上凸起，形成了与川塘下为顶线的凸弧形江湾，两岸诸流在此汇集，泄水于海，自古以来就是重要的水运要道。堰泾村由原来堰泾村、杨典村"撤二建一"而成。早在500年前，这里就是明朝军队和叶榭民众联合抗击倭寇的古战场，军民合力，英勇无敌，三次大败敌军，声名远播，附近的德胜港就是由此得名。

　　1926年初，松江区第一位共产党员侯绍裘从德胜港渡口过黄浦江来到叶榭宣传革命思想。贫苦农民蒋三大郑重加入了中国共产党，成为叶榭地区第一个共产党员。随后，在他的家里成立了党支部，为浦南地区第一个地下党组织。此后，叶榭地区党的活动以堰泾村为中心，逐步向周围村宅及邻近乡镇扩展，为叶（榭）张（泽）亭（林）地区党的组织建设奠定了稳固的基础。

　　1941年5月，中共浦南工作委员会宣布成立，遵照党中央指示的"隐蔽精干，长期埋伏，积蓄力量，以待时机"的十六字方针，系统有序开展党的工作。截止到1949年5月，堰泾先后涌现蒋三大、蒋梯云（同济大学第一任党委书记）、顾杏生（烈士）、樊福元（烈士）等24位地下共产党员，开展了一系列的革命斗争，在浦南革命历史上留下浓墨重彩的一笔。

人物故事：顾杏生、蒋梯云、叶定远

故事一　不畏流血牺牲——顾杏生

革命的成功离不开千千万万烈士们的牺牲。这千万人中有一名来自松江叶榭镇的年轻人，他的名字叫顾杏生。

1921年，顾杏生出生在一个穷苦的农民家庭，他小时候在蒋四房小学读过一段时间的书。但是由于家里的条件实在不好，在顾杏生11岁时，他就中途辍学回家，在家里种田以贴补家用。

尽管顾杏生从小在田间劳作，吃苦长大，但他从来没有放弃学习。休息时他就会拿出从各处找来的旧书，自学新知识。从乡里人的口中，顾杏生渐渐了解到"中国共产党"这个名字，也听说了共产党员的各种先进事迹。1941年，20岁的顾杏生开始参加革命活动，跟随蒋梯云等共产党员投入到家乡地区的斗争活动。

抗捐、抗税、抗暴，顾杏生积极参加了惩处恶霸蒋锦清的行动，并和战友捣毁了日伪军用来敲诈勒索的房屋和碉堡。当时叶榭地区有日伪和平军20多人，他们在黄浦江边强占平湖班轮船码头3间房屋，并在周围筑了4个碉堡作为据点，对来往船只进行敲诈勒索。顾杏生和战友趁伪军到叶榭镇短训时，一夜之间，将房屋和碉堡全部捣毁。顾杏生身体强壮、斗争性强、思想觉悟高，1945年6月，经蒋梯云的介绍，他正式加入中国共产党。顾杏生始终奋斗在家乡抗日活动的第一线。

日伪统治后期，在日伪军和国民党游杂部队的双重压榨下，乡里苛捐杂税的名目繁多，农民交不起税，吃不饱饭，生活越发艰苦，民不聊生。叶榭当地的共产党支部率领当地农民开展了反饥饿斗争。

在 1945 年 7 月的万人暴动中，顾杏生表现尤为突出。他带领几个积极青年，打死了闯进会场的乡丁寿子根，极大鼓舞了群众斗志。随后，顾杏生带头到地主邹大成家，打开邹家的粮仓把粮食分给群众吃饭；又到张泽开来日军步汽艇，带头扔砖瓦赶跑敌人的汽艇；还和群众一起烧掉汉奸张云甫的住宅。但是没想到，叶榭地区的伪乡镇长和那里的豪绅地主们勾结了土匪诸伯林，发生暴动后，他们十分害怕，立即联系了土匪连夜赶到叶榭镇压群众的抗争活动。顾杏生也在暴动中不幸被匪徒抓住，关进监牢。在监牢里，他受尽酷刑，坚决保守党的秘密，不给敌人一丝一毫伤害地下党员的机会。最终，顾杏生被杀害，年仅 24 岁。新中国成立后，我们的年轻党员顾杏生被追认为烈士。

顾杏生的牺牲不但没有吓倒地下党员，反而激起更多人反抗压迫的情绪，使得越来越多的民众主动投入到革命事业当中。顾杏生是当之无愧的革命烈士。

打着队旗访云间

学生读后感

　　革命的成功离不开千千万万烈士们的牺牲。这千万人中有一名来自松江叶榭的年轻人,他的名字叫顾杏生。

　　顾杏生一生参加革命行动,在一次暴动中不幸被匪徒抓住,受尽酷刑,但坚决保守党的秘密,不给敌人伤害地下党员一丝一毫的机会。最后,他被酷刑折磨,英勇牺牲,年仅24岁。

　　顾杏生这种坚定的信念和崇高的精神让我钦佩不已。在本学期的课本里,我们学习了《谁是最可爱的人》这篇文章。抗美援朝战士们的英勇无畏让我久久无法忘怀,他们的精神令我们感动和折服。只要一提到军人,我的脑海里就会浮现出他们顽强不屈、英勇杀敌的画面。

　　像顾杏生一般烈士们的责任担当是留给我们的宝贵财富。

——上海市松江区小昆山学校八(1)中队　沈玮凡

（本故事由"红色堰泾党建文化长廊"提供,并参考裴麟麟《勇斗日伪和地方恶势力的党员——顾杏生》）

故事二　革命伉俪——蒋梯云与叶定远

　　在浦南的地下革命历史上,有一对夫妻为革命事业做出了巨大的贡献,他们就是蒋梯云和叶定远。

　　蒋梯云,出生于1911年,毕业于大夏大学（现华东师范大学前身)。他不仅受过高等教育,并且在校期间就已经开始接触革命思想,是带动浦南地下党发展壮大的重要人物。

1940年,共产党员黄竞之、肖望来浦南活动,通过进一步了解,二人深感与蒋梯云相见恨晚。1941年3月,蒋梯云在黄竞之的介绍下加入中国共产党,成为叶榭地区抗日战争时期早期发展的中共党员。

蒋梯云在担任中共叶榭支部领导人期间,充分发挥模范带头作用,开展了一系列革命活动。1945年7月,敌、伪的苛捐杂税名目繁多,通货膨胀严重,老百姓苦不堪言。当时,反动派抢走了张泽津塘乡蔡姓农民家里的最后一点稻谷,全家无路可走,被逼集体自杀,场面十分悲惨。当地民众极度愤慨,斗争由此爆发,但因组织无序,最终无法产生足够的影响力。知道此事后的蒋梯云先是派顾纪发进行摸底调查,安排地下党员进行动员准备,然后抓住时机将革命斗争推向高潮。他在塘垛庙召开五百人集会,激昂陈词,彻底点燃了大家的革命怒火。叶榭、亭林、漕泾、泖港等地农民群起响应,声势浩大,人数最多时有上万人同时涌上街头开展斗争。在这次斗争中,有数名恶人被处死,革命思想进一步传播,革命热情得到进一步释放。

1952年,蒋梯云奉调进入同济大学,担任同济大学首任书记,其"提倡启发式,反对满堂灌"的教学理念深受学生欢迎。

在文化大革命期间,蒋梯云受迫害致死,同济大学党委在1978年为其平反昭雪。

蒋梯云的妻子叶定远出生于1913年,和蒋梯云是大夏大学校友,与蒋梯云结婚后协助开展革命斗争,于1941年秋加入中国共产党。抗战期间,他们家是浦南工委联络点,叶定远负责安全警戒,用暗号通知开会人员。

打着队旗访云间

1943年2月，日本军悄悄来到她家，一脚踹开房门，以查户口为名，追查党组织信息，逼问枪放在哪里，同党有哪几个人，后又将叶定远捆在扶梯上，用茶壶水灌进其鼻子，施用"水漫金山"酷刑，叶定远几度昏迷仍坚强不屈，未向敌人透露半点信息。

后来，叶定远开办了妇女班和夜校，她以教师身份为掩护来宣传抗日思想，教唱革命歌曲，发展共产党员，勇敢揭露当局政府欺压百姓的事实，组织开展反对国民党抓壮丁、征粮征税的斗争，她所在的蒋四房地区因此被称为"共产窝"。

叶定远在文化大革命期间受到迫害，长期被隔离批斗。平反后，她重新回到热爱的教师岗位，担任松江教师进修学校首任党支部书记、校长，主持电大筹建工作，为国家输送了大量专业人才。她坚持一线工作直到七十多岁，为松江教育事业贡献了一生。

在浦南地下党革命历史上，蒋梯云伉俪用血汗谱写出了属于他们的历史，他们的奉献故事值得被后人铭记。

学生读后感

在中国革命历史上，有这么一对夫妻——蒋梯云与叶定远。他们是革命先烈，他们用自己的微薄之力为中华民族革命的道路铺上了一块砖。

蒋梯云毕业于华东师范大学的前身大夏大学，又当过同济大学的教授。他为革命思想的传播发挥了重要作用。他后来虽受迫害致死，但他的精神仍长存于人世间。

他的妻子叶定远，同样也是不俗之辈。一次叶定远独自在家，日军闯入她家，用"水漫金山"的方式逼问她枪械的下落，但她几近昏迷都宁死不屈。晚年，她继续为松江教育奉献光和热，值得我们敬佩。

　　蒋梯云与叶定远都为革命献上一切，他们的精神与事迹值得被我们铭记。作为在党的关怀下茁壮成长的一代，作为社会主义的建设者和接班人，我们也要学习革命先烈们的精神，传承红色基因，厚植爱国情怀。从小坚定信念，坚定不移听党话、跟党走，争做德智体美劳全面发展的新时代好队员。

——上海市松江区小昆山学校八（1）中队　杜卓航

（本故事由红色堰泾党建文化长廊提供，以及参考乔进礼《蒋梯云的风雨人生》）

小知识测一测

1.浦南叶榭堰泾，被称为"共产党员之乡"，在革命年代，这里曾走出多少位地下共产党员？（   ）

  A. 25   B. 24   C. 22

2. 1926年初，松江区第一位共产党员_____从德胜港渡口过黄浦江来到叶榭宣传革命思想。（   ）

  A. 蒋梯云   B. 侯绍裘   C. 蒋三大

3. 在浦南的地下革命历史上，有一对夫妻做出了巨大的贡献，他们就是蒋梯云和_____。（   ）

  A. 顾杏生   B. 叶定远   C. 黄竞之

4. 贫苦农民_____郑重加入了中国共产党，成为叶榭地区第一个共产党员。（   ）

  A. 叶定远   B. 蒋梯云   C. 蒋三大

5. _____，中共浦南工作委员会宣布成立，遵照党中央指示的"隐蔽精干，长期埋伏，积蓄力量，以待时机"的十六字方针，系统有序开展党的工作。（   ）

  A. 1943年5月 B. 1941年5月 C. 1926年5月

6. 1945年7月在叶榭地区发生的万人暴动中，_____的表现尤为突出，在暴动中不幸被匪徒抓住，关进监牢。他在监牢受尽酷刑，坚决保守党的秘密，最终被杀害，年仅24岁。（   ）

A. 叶定远   B. 蒋三大   C. 顾杏生

7. 堰泾村位于松江区_____东侧，北枕黄浦江，呈蘑菇形，顶端向上凸起，形成了与川塘下为顶线的凸弧形江湾，两岸诸流在此汇集，泄水于海，自古以来就是重要的水运要道。(　　　)

A. 泖港镇   B. 叶榭镇   C. 新浜镇

8. 此刻你最想对哪位革命烈士说一说心里话：
_____

参考答案

1. B   2. B   3. B   4. C   5. B   6. C   7. B   8. 略

实践活动方案

活动方案一 过重阳 乐劳动 传非遗
——小队寻访活动

一、活动目的

重阳节来临之际,组织队员参与"叶榭软糕工坊"实践体验活动,引导队员了解叶榭软糕的历史文化、营养功效和制作技巧,培养队员的劳动意识,体验劳动创造幸福。组织队员化身小小志愿者走进社区,走近老一辈,用实际行动送去健康关怀和重阳节的美好祝福,发扬队员敬老爱老的传统美德。

二、活动地点

八十八亩田——叶榭软糕工坊

三、活动对象

××小队队员、中队辅导员或校外辅导员

四、活动准备

项目	具体内容
人员要求	（1）旗手1名 （2）中队辅导员1名 （3）队员5—13名 （4）校外辅导员（家长）1名
物品准备	（1）小队旗1面 （2）小知识测一测（见"活动资源链接"） （3）水笔 （4）红色堰泾党建文化长廊简介（活动前晚下发学习）

五、活动过程

活动一：参观工坊知特色

活动内容：

1. 参观八十八亩田：知晓松江大米、感受米食文化、传承米匠精神。

2. 听讲解员介绍六十六亩田创始人——朱燕的故事。

3. 听讲解人讲解叶榭软糕的历史文化。

4. 介绍重阳糕的款式。（五福糕、松子豆沙长寿糕……）

5. 小知识测一测。（见"活动资源链接"）

活动二：分组学习效率高

活动内容：

1. 现场环境：空间不大但温馨洁净，1个大桌10份模具，共计30人。

2. 现场讲解员：1位解说，1位分发材料。

3. 准备工作：围上围兜、小队分成2组，正副队长1人带1组。

4. 准备上课：全体队员面朝讲解员，看课件、听讲解、知重点。

5. 学习体验：材料准备齐全之后，队员们就可以在讲解员的帮助下，开始制作软糕。第一步：耐心等讲解员为队员们发放粉；第二步：接着左右摇晃，一点点筛入蒸格（筛粉），把多余的粉刮平，用"蛋"模具压坑、填馅（70%），再覆粉、放垫纸（记住纸上的数字以便取糕），然后翻转放平（敲打两下方便脱模），双手同时垂直抬起，脱模成功。一串流利动作之后，将软糕放进蒸笼蒸约30分钟即可出炉。出炉之后，还需要冷却20分钟后才能装盒打包。

6. 自由活动：利用蒸糕的时间，正副小队长组织队员们合影留念。选择舒适的场地进行小组交流会。组织队员们交流一下事先准备好的重阳节祝福语，说一说今天对叶榭软糕又多了哪些认识与了解，在观察中发现这里还有哪些比较好玩的项目等。比一比，谁准备得最充分；赛一赛，谁的收获最大。

动手制作叶榭软糕

活动三：徒步行走善发现

活动地点：虹洋公路—大叶公路—杨典公路—叶榭镇堰泾村幸福老人村

活动内容：

1. 带上刚才制作的软糕，排着整齐的队伍，在虹洋公路上徒步。

2. 大队长介绍虹洋公路的变化，并引导队员发现非遗竹编（生肖）。

3. 副大队长介绍非遗竹编（事先准备），有兴趣的可以合影留念（注意安全）。

4. 进入杨典公路，就来到了堰泾村，一路朝北，就看到了红色堰泾党建文化长廊，大队长带着全体队员环绕一圈，并选择一位烈士的事迹进行学习。

5. 再往北 200 米就是幸福老人村，幸福老人村周围的白墙上处处展示着敬老爱老的中国画作品。艺术增添了乡村的生机，不仅仅美化了墙面，更是宣传的活广告。

活动四：关爱老人塑品格

活动地点：叶榭镇堰泾村幸福老人村

活动内容：

1. 欣赏孝亲文化墙，分享敬老爱老的经典小故事，时时刻刻牢记中华传统美德。

2. 参观幸福老人村的内外环境，了解老人的居住水平，发现乡村变化。

3. 双手赠送自制的软糕，大声献上真诚的祝福，庄重献上标准的队礼，微笑传递幸福的生活。

六、活动延伸

1. 宣传中国非遗，助力振兴乡村——十分钟队会

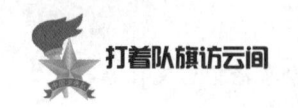

参加"过重阳 乐劳动 传非遗"一次十分钟队会课，将所见、所闻、所做、所想，面向中队所有队员讲述叶榭非遗项目：叶榭软糕的历史文化、营养功效和制作技巧；叶榭竹编的历史文化、工艺特点和工艺流程。

2. 非遗进校润童心，快乐畅享幸福圈——劳动教育

邀请校外辅导员，八十八亩田的创始人——朱燕老师。朱老师进校讲述自己的创业故事，感受她的创业精神。并且她带着自己的团队一同来到校园食堂，共同制作叶榭软糕，为我们留下美好的回忆。

活动资源链接

1. 叶榭软糕吃起来香甜软糯，不会太甜，又不失浓浓的米香，在大米中加入了一定配比的_____，这就是叶榭软糕的独特秘方。（　　）

　　A. 薄荷和菊花　　　　B. 薄荷和枸杞　　　　C. 菊花和枸杞

2. 上海市2020年星级乡村民宿中，松江八十八亩田被授予几星级？（　　）

　　A. 三　　　　　　　　B. 四　　　　　　　　C. 五

3. 八十八亩田位于上海市松江区_____，致力推广松江大米、传播米是文食文化、传承米匠精神。（　　）

　　A. 车墩　　　　　　　B. 叶榭　　　　　　　C. 新浜

4. 八十八亩田创始人是_____，她的师傅是_____。（　　）（　　）

　　A. 顾火南　　　　　　B. 朱燕　　　　　　　C. 蒋梯云

5. 在刚才的软糕制作中，填馅是_____%，再覆粉、放垫纸。（　　）

　　A. 50　　　　　　　　B. 60　　　　　　　　C. 70

6. 重阳节来临之际，我们应该向身边的老人送去节日的问候和关怀，你

会说什么、做什么呢?

_____

参考答案
1. A 2. C 3. B 4. B A 5. C 6. 略

活动方案二　童心向党　筑梦启航
——三年级10岁集体生日仪式

一、活动目的

通过集体庆祝10岁生日会,让孩子回忆入队后的美好生活,聆听身边榜样的先进事迹,体会父母培养自己成长的艰辛。在仪式中不断增进亲情、友情和师生情谊,让队员们在集体中深刻了解生日的意义与价值。

二、活动地点

红色堰泾党建文化长廊

三、活动对象

全体三年级队员、中队辅导员、学校少工委主任/委员、家长志愿者代表

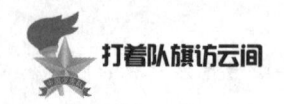

四、活动准备

项目	具体内容
人员要求	（1）主持人2名 （2）旗手1名、护旗手2名 （3）校外（抗美援朝老兵）辅导员1名 （4）30年辅龄辅导员1名 （5）学校少工委主任 （6）五年级队员1名 （7）区红理事/大队长1名 （8）大队辅导员带领呼号1名 （9）家长志愿者代表
物品准备	（1）中队旗若干面（按中队数）、大队旗1面、团旗1面、党旗1面 （2）家长的一封信、绘制好的小蛋糕盒、生日蛋糕、回忆小视频、纪念册 （3）移动音箱设备1套

五、活动过程（主持稿见"活动资源链接"）

1. 暖场篇

三年级舞龙社团展示。

2. 开场篇

（1）宣布开始；

（2）出旗（奏《出旗曲》，全体队员敬礼）；

（3）唱队歌《我们是共产主义接班人》。

3. 互动篇

家长志愿者代表送祝福并现场测试少先队知识。

4. 回忆篇

回顾成长历程（播放视频）。

5. 榜样篇

（1）五年级队员代表××介绍红色堰泾党建文化长廊并朗诵《少年中国说》；

（2）校外老兵辅导员、30年辅龄、区红理事三代人分享自己与红领巾的故事。

6. 成长篇

（1）个人才艺：歌曲《听我说谢谢你》；

（2）小队才艺：男生组"跆拳道"、女生组舞蹈《我们是祖国的花朵》；

（3）中队才艺：合唱《让世界充满爱》。

7. 感恩篇

（1）4位队员代表上台（感谢父母、感谢辅导员、感谢自己、感谢社会）；

（2）全体共唱《感恩的心》（家长志愿者代表、队员代表上台，美好回忆照片滚动播放）；

（3）读家长写给自己的一封信（提前准备好）；

（4）主持人采访1位队员读信感受；

（5）主持人带领全场大声表达感谢之情（爸爸妈妈，我爱你们）。

8. 期望篇

（1）学校少工委主任致词；

（2）校领导向队员代表赠送纪念册。

9. 品味篇

（1）家长志愿者代表、中队辅导员代表推出蛋糕；

（2）学校少工委主任和队员代表共点蜡烛；

（3）共唱生日歌、许愿、吹蜡烛、切蛋糕；

（4）家长志愿者代表分蛋糕、队员拿出自绘蛋糕盒、吃蛋糕。

10.呼号篇

（1）大队辅导员带领呼号；

（2）退旗（奏《退旗曲》，全体队员敬礼）；

（3）仪式结束。

学生合唱《让世界充满爱》

六、活动延伸

1.老兵进校忆峥嵘，红色教育薪火传——红色宣讲

诚邀抗美援朝老兵进校园开展红色宣讲，讲述老兵参加抗美援朝战斗的经历。从枪林弹雨中走来的老兵是厚重的"史书"，也是行走的爱国主义

"教材"。老兵们的故事生动感人，全体辅导员和队员们深受感染，在少先队员们心中埋下红色种子。

2. 争做时代好少年，我向英雄敬个礼——红色课本剧

组织队员阅读红色故事和观看红色电影，收集红色素材进行红色课本剧的策划和展示。在彩排中增进友谊，在协作中团结奋进，在总结中提升综合能力。在十分钟队会课或少先队活动课上进行分享展示，学习烈士们百折不挠、勇往直前的坚强品质。

活动资源链接

童心向党　筑梦启航
——红色堰泾党建文化长廊基地三年级 10 岁集体生日仪式主持稿

★ 暖场篇

三年级舞龙社团展风采

★ 开场篇

（伴着音乐 2 位主持人走至舞台中央，音乐《少年少年祖国的春天》）

甲：10 岁的我们，拥有天使般翅膀，翱翔着梦想与希望。

乙：10 岁的我们，拥有了开始自己走向生命历程的能量。

甲：今天，我们相聚在红色堰泾党建文化长廊。

乙：今天，我们充满了希望和快乐，一起打卡红色基地，为我们自己庆生。

合：下面我宣布：童心向党　筑梦启航——红色堰泾党建文化长廊基地三年级 10 岁集体生日主题仪式现在开始。

甲：全体起立，出旗。敬礼，礼毕。

乙：唱中国少年先锋队队歌。

★ 互动篇

乙：踏着金色的阳光，伴着优美的旋律，今天我们还迎来了2位大朋友!

甲：大家看，他们来了！（音乐起，家长志愿者代表提问）

家长A：大家好！能作为家长代表参加队员们的集体生日会，我很高兴!

家长B：早就听说五库学校的队员们非常聪明，讲文明懂礼貌。今天我们就来考考大家。

问题1 请队员们集体说出24字社会主义核心价值观。

问题2 请回答2021年"六一儿童节"习近平爷爷对少年儿童的寄语是什么？

（学好党史，以英雄模范人物为榜样，从小坚定不移听党话，跟党走的决心，刻苦学习，树立理想，砥砺品格，增长本领，努力实现德智体美劳全面发展。）

问题3 请说出红领巾代表什么？（代表红旗的一角，是少先队的标志）

问题4 请告诉大家，国旗上那颗大的五角星象征着什么？（中国共产党）

问题5 请说出，中国梦的定义是什么？（实现中华民族伟大复兴）

家长A、家长B：大家真厉害！在这里我们代表全体家长祝大家10岁生日快乐，让我们放飞梦想，快乐起航!

★ 回忆篇

甲：谢谢阿姨的祝福。我们的快乐来源于学校，来源于三年级这温暖的大家庭，在园丁的培育下，我们播种友谊，收获真情。感恩10岁，感恩成长，感谢辅导员们，感谢队员们。

乙：让我们一起来回顾一下成长足迹吧！请看大相册！

★ 榜样篇

甲：实现中华民族的伟大复兴，是中华民族最伟大的梦想！

乙：作为一名少先队员，中国梦其实并不遥远，它就在我们身边。

甲：对于我们来说中国梦就是好好学习，树立远大志向！

乙：少年梦依偎着中国梦，我们是中国梦的主力军，中国少年定会撑起祖国的一片蓝天！

甲：请欣赏五年级姐姐为我们带来的《少年中国说》和红色长廊介绍。

乙：今天我们还有幸请到了30年辅龄辅导员的××老师、松江区红理事××队员，三代红领巾人讲述他们与红领巾的故事。大家掌声欢迎。

★ 成长篇

甲：感谢三位先锋的分享。在红领巾的陪伴下，我们健康成长。下面请欣赏××队员带来的歌曲《请听我说谢谢你》，大家掌声欢迎。

乙：感谢队员的精彩表演，下面请欣赏男生组队员们带来的"跆拳道"表演，大家掌声欢迎。

甲：感谢队员们的精彩表演，下面请欣赏女生组队员们带来的集体舞《我们是祖国的花朵》，大家掌声欢迎。

甲：感谢队员们活力四射的表演，奏出时代的最强音，唱起世纪的新旋律！下面请队员们做好准备，让我们集体合唱《让世界充满爱》。

★ 感恩篇

乙：队员们，我们在健康中成长，我们在学习中成长，我们在快乐中成长！

甲：在成长的过程中，离不开父母、辅导员、队员以及身边所有人给予的温暖。

乙：春夏秋冬，是你们为我们护翼导航！

甲：寒来暑往，是你们为我们遮风挡雨！

乙：下面有请队员代表上台分享感言。（分别感谢父母、感谢辅导员、感谢自己、感谢社会）

甲：是啊，10年，我们已经长成了活蹦乱跳的阳光少年。让我们用一首《感恩的心》，献给亲爱的爸爸妈妈和敬爱的辅导员们。

乙：美妙的歌声表达了我们的感激之情。此刻，我们的爸爸妈妈也有许许多多的心里话要对我们说。请打开信……

甲：现在就让我们现场采访一下队员们此刻的感受。

乙：看到队员们激动的表情。在此，我建议全场的队员们，让我们真诚地说：爸爸妈妈，我爱你们！辅导员，谢谢您，祝您健康快乐！

★期望篇

甲：今天我们10岁啦！

乙：今天我们终于长大啦！

甲：在这特殊的日子里，学校少工委主任、校长妈妈也给我们送来了祝福。大家掌声欢迎。

合：感谢校长妈妈，祝您健康快乐！

★回味篇

乙：看呐，金色的阳光，洒进我们的心田。

甲：听呐，悠扬的歌声唱出我们的心扉。

自绘蛋糕齐分享

合："我们10岁啦"，祝伙伴们生日快乐。

（音乐响起，家长代表和辅导员代表推蛋糕上场，全场共唱《生日歌》）

甲：请校长妈妈和队员代表共点蜡烛，许下10岁生日愿望。

乙：让我们一起吹蜡烛吧，3——2——1

合：生日快乐！（切蛋糕、分蛋糕）

★ 呼号

甲：10岁，我送自己一方空地。

乙：10岁，我送自己很多理想。

甲：让我们以热烈的掌声有请大队辅导员老师带领我们呼号。

乙：全体立正，退旗、敬礼、礼毕。（音乐《退旗曲》）

★ 结束词

甲：生日是一个快乐的纪念日，也是成长的里程碑。

乙：10岁，意味着我们懂得更多的道理，承担更多的责任，学会更多的本领。

甲：记住这份欢乐和温馨，记住这最美的祝福。

合：我宣布：童心向党　筑梦启航——红色堰泾党建文化长廊基地三年级10岁集体生日主题仪式到此结束。请各中队有序合影留念，自由活动。

活动方案三　传承五四燃青春　强国有我心向党
——14岁集体生日会暨入团仪式

一、活动目的

通过集体庆祝14岁生日仪式，不断增进亲情、友情和师生情谊，让队员们在集体中感受成长的意义。通过入团仪式，帮助队员认识党、团、队组织的内在关系，展现队员、团员的先进性。

二、活动地点

红色堰泾党建文化长廊（原中共松江县浦南委员会）

三、活动对象

全体八年级队员、学校少工委主任、八年级辅导员、九年级团员代表、党员和团员辅导员代表、家长志愿辅导员代表

四、活动准备

项目	具体内容
人员要求	（1）主持人1名 （2）旗手1名；护旗手2名 （3）校少工委主任致词1名 （4）党组织代表宣读名单1名 （5）团组织代表领誓1名 （6）老团员代表宣讲1名 （7）新团员代表发言1名 （8）新团员诗朗诵《青春中国》若干名 （9）礼仪队员2名 （10）家长志愿辅导员代表1名
物品准备	（1）中队旗若干面（按中队数）、大队旗1面、团旗1面、党旗1面 （2）红领巾、团徽、党徽、团员证、红色托盘、礼仪队员绶带、自制的手工相册、家长写给子女的一封信、队员给一年后自己的一封信、时光宝盒、蛋糕、打火机 （3）移动音箱设备1套

五、活动过程（主持稿见"活动资源链接"）

第一篇：薪火相传　红领巾心向党

（1）宣布开始；

（2）出旗（奏《出旗曲》，全体队员敬礼）；

（3）唱队歌《我们是共产主义接班人》；

（4）学校少工委主任生日寄语。

第二篇：诠释责任　传承五四精神

（1）党支部书记宣读新团员名单；

（2）学校少工委主任和党支部书记颁发团徽、团章和团员证；

（3）团支书带领新团员集体宣誓；

（4）新团员诗朗诵《青春中国》。

第三篇：幸福成长　队旗下的生活

（1）老团员送祝福及介绍红色堰泾党建文化长廊里的主要代表人物（自选1或2名烈士）；

（2）新团员代表发言——分享队旗下的幸福生活。

第四篇：真情感恩　汇报恩师父母

（1）中队辅导员代表送青春寄语；

（2）队员代表赠送提前准备好的手工相册，表达感恩之情；

（3）家长代表发言——读自己写给女儿/儿子的信；

（4）所有队员集体拆信看信；

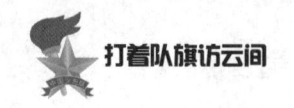

（5）拿出事先准备好的《给一年后自己的一封信》，现场存封，待来年开启"时光宝盒"。

第五篇：点燃激情　放飞梦想心愿
（1）合唱《我的未来不是梦》；
（2）辅导员代表、家长代表、队员代表共吹蜡烛、切蛋糕（根据实际情况）；
（3）大队辅导员带领呼号、退旗。

六、活动延伸

1.争做立志少年，我向英雄敬礼——红色宣讲

宣传红色堰泾党建文化长廊，通过寻访及搜集的资料，新老团员及入团积极分子自主讨论、合理分工，尽量每人都要负责1—2个红色堰泾党建文化长廊里的革命先烈事迹。同时，团员积极对接各年级中队，按照需求进教室进行红色宣讲，引导弟弟妹妹们学习榜样精神，珍爱红领巾，向往共青团。

2.铭记革命历史，心系领巾责任——学习先锋

利用每周红领巾广播，引导队员们去了解自己身边的优秀共产党员在自己岗位上无私奉献的事迹和工匠精神，引导队员们思考人生的价值和成长方向。通过寻访日记、我向党员敬个礼、我与党员握个手、我和党员合个影和画一画我心中的英雄等方式记录寻访过程和感悟，请队员们在十分钟队会或少先队活动课上进行分享展示。

活动资源链接

传承五四燃青春　强国有我心向党
——寻访红色堰泾党建文化长廊基地14岁集体生日会暨入团仪式主持稿

第一篇：薪火相传　红领巾心向党

甲：青春是一把火，照亮我们前进的方向。

乙：青春是一首诗，描绘着我们每个人多彩的人生。

甲：今天，就让我们一起步入青春之门！

齐：下面我宣布：传承五四燃青春　强国有我心向党——寻访红色堰泾党建文化长廊基地14岁集体生日会暨入团仪式现在开始。

乙：全体立正，出旗！

甲：敬礼！礼毕！唱中国少年先锋队队歌！（《出旗曲》）

乙：14岁的誓言正响，14岁的天空满是希望和梦想，14岁的我们也需要智慧与经验的引领，需要热情的期待与祝福。

甲：下面让我们用热烈的掌声请学校工委主任××老师为我们作生日寄语。

第二篇：诠释责任　传承五四精神

乙：聆听着校领导的亲切话语，千言万语涌上心头。青春是火红的，正照耀我们迈向明天。在我们身边一批优秀的同学，已率先汇于火红的团旗之下，成为一名光荣的共青团员。

甲：下面有请党支部书记××老师宣读新团员名单，掌声欢迎。

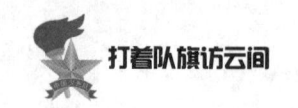

乙：恭喜以上队员，有请学校少工委主任××为新团员们颁发团徽，有请党支部书记××为新团员颁发团员证。（合影留念）

甲：新团员们将用最洪亮的声音，表达自己的心声。在神圣的团旗下，他们将高举右拳，庄严宣誓。有请领誓人：团总支书记××老师。

【宣誓词："我志愿加入中国共产主义青年团，坚决拥护中国共产党的领导，遵守团的章程，执行团的决议，履行团员义务，严守团的纪律，勤奋学习，积极工作，吃苦在前，享受在后，为共产主义事业而奋斗。"宣（领）誓人：××】

乙：嘹亮的誓言，彰显着新团员的决心，体现着新团员的光荣感和责任感。

甲：加入中国共产主义青年团，是人生的新起点。在青春大道上，我们将迎着朝阳赢得光辉灿烂的未来！请听新老团员为我们送上诗朗诵《青春中国》。

第三篇：幸福成长　队旗下的生活

乙：青春路上，满怀感恩。是老师带领我们遨游知识的海洋。

甲：是英雄榜样指引我们前行的方向。

乙：有请老团员代表进行红色宣讲（24位英烈中选择）。

甲：有请新团员代表发言，分享队旗下的幸福生活。

第四篇：真情感恩　汇报恩师父母

乙：现在有请辅导员代表为我们送上青春寄语，大家掌声欢迎。

甲：感谢辅导员，青春的旋律依旧回荡在耳畔，带着我们每一个决心和信念。

有请队员代表送上集体共同制作的手工相册，表达感恩之情。

乙：今天，是我们共同的生日，我们的爸爸妈妈，他们也在为我们庆祝，庆祝我们长大了。

甲：下面有请家长志愿辅导员代表××，分享一下他写给他女儿的一封信。

乙：感谢叔叔的分享，我想，大家一定都迫不及待想知道自己的父母到底对自己说了些什么？请大家打开信。

甲：此刻的你是心潮澎湃，还是静如止水呢？不管怎样，也请大家拿出事先准备好的信——《给一年后自己的一封信》，让我们现场封存，待来年开启"时光宝盒"。

第五篇：点燃激情　放飞梦想心愿

乙：有请学校少工委主任、家长志愿辅导员代表（托蛋糕上场）、学生代表为我们点燃14岁生日的蜡烛，点燃我们火热的青春。

甲：全体立正，让我们一起许下14岁的生日愿望，一起奏响我们青春的序曲。

乙：让我们共同吹灭蜡烛，齐唱《我的未来不是梦》(事先学好)。

齐：下面我宣布：传承五四燃青春　强国有我心向党——寻访红色堰泾党建文化长廊基地14岁集体生日会暨入团仪式到此结束。

乙：全体立正！退旗(《退旗曲》)敬礼！礼毕！

动手制作生日蛋糕

基地五
松江道桥文化展示馆

基地五　松江道桥文化展示馆

基地简介

　　松江道桥文化展示馆是上海目前具有行业特色的路桥主题展示馆之一。整个展馆运用了先进的多媒体技术，以互动多媒体、影片、实物及展板图文为主要展示形式。

　　来到展示馆，首先映入眼帘的是门口的浮雕。这块浮雕展现了沪昆高速、松浦大桥、轨道交通9号线、泖港大桥、方塔、大仓桥、松江大学城及松江九峰三泖，寓意着松江历史、文化、交通的和谐发展。

　　松江道桥文化展示馆分为三个厅：序厅、文化厅、现代厅。序厅以松江传统的建筑风格为基调。放眼望去，小桥流水，白墙灰瓦，典型的江南式落檐房子，体现着松江浓浓的水乡风情。在序厅，我们还能看到各类具有历史感的建筑物件。石材窨井盖、铸铁排水口、桥牌铭、上海市公路零公里标志……见证着上海道桥的历史变迁。

　　文化厅，一幅幅照片、一段段视频，展示着松江道桥的历史底蕴与快速发展。在"路桥技术"篇章，介绍了古代、近代、现代国内外道路、桥梁的建造技术及施工机械的发展。在"千年官衙"篇章，展馆采用了先进的多媒体触摸电视与场景模型相结合的展示手段，通过三段视频讲述了松江中山路的古往今来。

　　现代厅，这里有队员们最喜爱的"我来修路"游戏互动区。在"路通八方"篇章，一幅幅多彩的图片展示着松江如今的道路建设成果。电子沙盘运用了同步播放技术及屏幕拼接技术，展示了"上海成路——上海之根——松江道路发展"三个板块。在"历程、奋斗、风采"篇章，记录着道桥行业的大事记、工作动态及团队风貌。

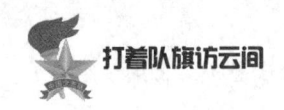

人物故事：赵祖康、陈子龙

故事一　中国公路泰斗——赵祖康

在上海历史上，有一位只有七天任期的上海市市长，他就是上海解放前担任上海工务局局长的赵祖康。

赵祖康，上海松江人，道路工程和市政规划专家，被誉为"中国公路泰斗"，与詹天佑、茅以升并称为"中国交通工程三杰"。

在他2岁时，他的父亲就因病去世，母子二人相依为命。赵祖康从小就好学多问，喜欢听大人的读书声，并模仿着朗诵。他还喜欢听别人讲中国古代的英雄事迹，并受这些英雄事迹的影响，爱国的种子在他小小的心中深种。母亲见他好学，在他5岁时就送他去私塾读书，他7岁就进了新式松江泖秀小学，8岁转崇文小学，以优异成绩进入华亭县立第一高等小学。他在校认真刻苦，尤其擅长作文，被老师称赞有文学天赋，他还曾参加全县征文比赛，获得金质奖章。课余时间，赵祖康喜欢读革命书刊，在书桌上贴了"勤于读书，爱国爱民"八个字以自勉。小小年纪的他就领悟到了读书和国家民族的关系。18岁毕业后，他考进了南洋大学（现上海交通大学、西安交通大学前身），1921年转入唐山交通大学（今西南交通大学）攻读土木工程，将"致力工程，为民服务"作为终生奋斗的目标。

赵祖康一生致力中国公路的修建，对抗日战争期间的公路建设、抢修做出了重大贡献。20世纪30年代，他主持筑建的公路在神州大地上绵延数万公里，成为中华民族坚持抗战的运输大动脉。

1949年5月，国民党在上海的统治全面崩溃。为了上海人民生命财产免于战火涂炭，他以代理市长的身份与中国人民解放军妥善接洽，有效地保护了人民的生命财产安全。

1949年5月24日上午，陈良主持召开市长办公会议，正式宣布赵祖康代理上海市市长主持工作。赵祖康第一次以代理市长身份打了一个办公电话："我是代理市长赵祖康，把武器弹药都锁起来，维护好社会秩序。"24日深夜，解放军发起进攻。赵祖康命令在上海市政府和警察局大楼上插白旗，向人民解放军投降。他命令警察尽快释放被关押的进步学生，不得与解放军发生冲突，强调警察有维持社会治安的职责。

5月25日，赵祖康检查了市政府大门口的枪支，布置了抢修道路、正常上班和系统移交等事宜。下午，赵祖康在知名人士李思浩的寓所会见了中共接收代表李公然，双方达成有关移交资料、维持治安、防止破坏、保管档案、恢复交通、厂点银行复业、补发工资等多项共识。5月26日上午，赵祖康在社会局大楼主持最后一次处局负责人会议，要求各部门不折不扣执行向共产党上海市军管会移交的决定。中午，赵祖康与解放军军事联络员会晤，参与处理劝说苏州河北岸国民党残部放下武器的工作。经过3个多小时紧张谈话，26日下午4点，四川路邮电大厦内的200多名国民党官兵缴械。接着，赵祖康协助解放军说服河滨大楼、百老汇大厦（今上海大厦）内的国民党残余部队放下武器。

从5月24日开始到5月28日，赵祖康忙得连睡觉和吃饭的时间都没有。上海解放那几天，上海水、电、煤供应正常；电话没有中断；

地痞流氓恶棍没有出来打砸抢。5月28日下午3时，赵祖康和陈毅在汉口路原国民政府大楼那间80平方米的旧市长办公室举行了国共上海市政府移交仪式。5月30日，赵祖康交出当时上海政府的大印和市长小方印，宣告自己的代理市场一职结束。

作为一名时任七天的代理市长，为了中华民族的兴旺发达，他在新中国改天换地的建设中，紧密依靠中共领导，为爱国统一战线和社会主义现代化建设做了大量工作。作为一名道路工程专家，他致力于公路工程实践研究，对道路交通名词进行审订和注释，为此他付出了一生的精力。

学生读后感

读了这篇故事后，我觉得赵祖康爷爷不仅是一位道路工程专家，也是一位为民着想的政治家。从小，他就有"勤于读书，爱国爱民"的目标。

作为新时代的少先队员，我们也要树立远大目标，刻苦学习知识，为中华民族的伟大复兴而奋斗。虽然赵祖康爷爷只当了七天的上海市市长，但他却尽自己最大的努力维护了社会的稳定，保护了人民的生命财产安全。在新中国的建设中，他能顾全大局，平稳地做好交接工作。在道路建设中，他发挥专长，一生都致力公路工程研究，为中国的道路建设贡献了自己的力量。

——上海市松江区新闵学校四（3）中队　马浩天

故事二　柳如是与云间第一桥陈子龙

云间第一桥横跨古浦塘，俗称"跨塘桥"。它是宋代建筑，由明成化年间知府王衡重建。全桥三孔，高八米，长三十米，拱圈部分用青石砌成，桥面石阶与桥沿用的是花岗石。桥顶东侧石下镌刻"云间第一桥"五字。数百年来，此桥保留着原有端庄、典雅的风貌。

关于这座云间第一桥，民间还流传着一段故事。

明崇祯十一年秋天，才女柳如是化装成一位风度翩翩的公子，独自乘坐一条名为"兰舟"的小画舫来到松江。当兰舟驶向云间第一桥时，恰巧碰上陈子龙为朋友送行。柳如是见陈子龙气宇轩昂、英姿勃发，有似曾相识之感。陈子龙邀请柳如是到松江南园一叙。在交谈中，二人发现彼此志趣相投。柳如是看了陈子龙的诗文手稿，更是爱不释手。

在两人离别之日，陈子龙陪柳如是乘上兰舟，从南园送到云间第一桥。陈子龙解下腰间的祖传宝刀送给柳如是。柳如是当场回赠一首诗："苍然万术自蘋烟，摇落鱼龙有岁年。人似许玄登望怯，客如平子学愁编。空怀神女虚无宅，近有秋风缥缈篇。日暮飘零更何所，翩翩雁翅独超前。"

九年之后，即顺治四年，一直在反抗清政府统治的陈子龙不幸被捕，他宁死不降。清兵押解他去南京，途经云间第一桥。陈子龙披枷带锁独立船头，凝视石桥，九年前互赠宝刀和诗篇的往事历历在目。而如今石桥依旧，自己却壮志难酬。于是，他趁清兵不备，纵身跃入江中自尽。

打着队旗访云间

翌年，又是秋风萧瑟时，柳如是全身缟素来到云间第一桥。只见她跪在桥上，手托香盘遥祭子龙。一对烛光摇曳，三炷清香袅袅，桥下流水呜咽，桥上哭声哀哀。

这个缠绵悲壮的故事一直在松江民间流传，为云间第一桥增添了更多传奇色彩。

学生读后感

我原本以为桥只是让生活更便捷的建筑，没想到还有一段感人的故事与跨塘桥相关。陈子龙为国家大业不怕牺牲，宁死不屈，才女柳如是重情重义，可二人偏偏生不逢时，两人没能再续佳缘。

"人生难得一知己，千古知音最难觅。"我被陈子龙的壮志和柳如是的情义深深打动。他俩的故事为"云间第一桥"增添了一抹传奇的色彩，让我感觉这座桥不再是冰冷的，而是有温度的、有感情的。每当看到跨塘桥，我都不禁想到这段才子佳人的故事。

——上海市松江区新闵学校七（7）中队　余昊东

基地五　松江道桥文化展示馆

小知识测一测

1.（多项选择题）松江道桥文化展示馆门口的浮雕有哪些代表松江历史、文化、交通和谐发展的建筑？（　　　）

  A. 沪昆高速　　　　　　　　B. 松浦大桥

  C. 泖港大桥　　　　　　　　D. 方塔

2. 以下不属于松江道桥文化展示馆门口浮雕内容的建设是什么？（　　　）

  A. 松江大学城　　　　　　　B. 大仓桥

  C. 方塔　　　　　　　　　　D. 醉白池

3. 松江道桥文化展示馆中哪个厅以松江传统的建筑风格为基调？（　　　）

  A. 文化厅　　　　　　　　　B. 序厅

  C. 现代厅　　　　　　　　　D. 近代厅

4. 松江道桥文化展示馆的文化厅中通过三段视频讲述了松江哪条路的古往今来？（　　　）

  A. 辰花路　　　　　　　　　B. 沪松路

  C. 中山路　　　　　　　　　D. 嘉松南路

5. 你知道这是什么吗？（　　　）

  A. 石材窨井盖　　　　　　　B. 桥牌铭

  C. 公路零公里标志　　　　　D. 铸铁排水口

6.（多项选择题）现代厅中的电子沙盘展示了哪几个板块？（　　　）

A. 上海成路   B. 上海之根

C. 松江道路发展   D. 现代松江道路

7. 在现代厅的哪个篇章中，展示了松江如今的道路建设成果？（   ）

A. 千年官衔   B. 我来修路

C. 路桥技术   D. 路通八方

8. 在哪个篇章，记录着道桥行业的大事记、工作动态及团队风貌？（   ）

A. 历程、奋斗、风采   B. 千年官衔

C. 路通八方   D. 路桥技术

参考答案

1. ABCD   2. D   3. B   4. C   5. A   6. ABC   7. D   8. A

实践活动方案

活动方案一　走家乡桥　悟云间情
——小队寻访活动

一、活动目的

通过本次小队寻访活动，队员们走进松江道桥文化展示馆，了解松江的道桥文化。通过资料搜索、实地考察、介绍展示等方式，感悟松江古桥的悠久文化底蕴，并在对现代大桥的探究中，切身感受中国共产党的领导下，社会的新变迁、祖国的新气象，激励队员长大后为祖国的建设贡献自己的一份力量。

二、活动地点

中队：松江道桥文化展示馆；第一小队：望仙桥；第二小队：跨塘桥；第三小队：大仓桥；第四小队：泗泾福联桥

三、活动对象

××小队队员、中队辅导员或校外辅导员

四、活动准备

项目	具体内容
人员要求	（1）联系松江道桥文化展示馆相关工作人员，确定寻访时间 （2）联系校外辅导员，确定每个小队的负责辅导员
物品准备	（1）中队旗1面、小队旗4面 （2）画板、纸笔
活动准备	（1）了解自己所在小队寻访的古桥信息 　　队员通过资料查找、询问老一辈松江人等方式，对松江最具代表性的道桥进行调查，了解它们的概况、历史等，做好资料收集整理。 （2）制定一份寻访方案 　　以小队为单位，结合实际情况，确定寻访主题，制定寻访方案。寻访方案内容包括：寻访时间、参加寻访人员、寻访目的地及相关资料、小队分工、活动感受。

五、活动过程

活动一：松江道桥文化展示馆（中队活动）

活动内容：

1. 跟随工作人员参观、学习。

2. 合影留念。

活动二：望仙桥、跨塘桥、大仓桥、泗泾福联桥（小队活动）

活动内容：

1. 寻访四座古桥，了解一段历史

基地五　松江道桥文化展示馆

第一小队去往松江方塔园，探访望仙桥，主要向方塔园内工作人员了解望仙桥的历史故事。

第二小队去往跨塘桥，主要了解"云间第一桥"名字的由来。

第三小队去往大仓桥，主要了解大仓桥的漕运历史。

第四小队去往泗泾福联桥，主要了解福联桥的建设历史。

寻访四座古桥

2. 探究现代大桥，对比古今大桥

各小队在寻访地查找现代大桥的资料，搜集现代大桥的照片，选一座现代大桥，比较古桥与现代大桥的不同之处，思考有什么变化，为什么有这样的变化。

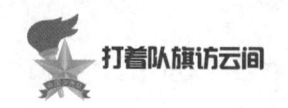

队员们探究现代大桥

六、活动延伸

1. 开展"寻访日记"征集

各中队队员在辅导员老师的指导下,结合实际情况,确定寻访主题、制定寻访方案、开展寻访活动,活动过程中收集图片、文字等资料,并完成寻访日记。

2. 开展"介绍家乡的桥"模型制作评比

结合自己的调查、观察,队员自行设计桥梁模型,介绍家乡的桥,要求介绍内容突出主题,有创意,图文并茂。

活动方案二　爱路护路　乐行松江
——"红领巾新风尚"大队环保行动

一、活动目的

在 5 月 26 日爱路日到来之际,通过××学校少工委的"红领巾新风尚"大队环保行动,使队员们建立起"从小做起　从我做起"的遵纪守法意识和关爱道路、关爱生命的安全意识,提高少先队员爱路护路和交通安全防护意识,大力弘扬"知路、爱路、护路"理念,进一步建立健全学校少先队、家庭、社会"三位一体"的爱护道路教育工作机制。

二、活动对象

××学校一至八年级全体队员

三、活动准备

项目	具体内容
人员要求	（1）主持人 2 名 （2）道路安全上台接受授旗旗手 8 名 （3）大队主席（负责收集四至五年级队员准备的知识问答） （4）一至三年级队员代表 3 名 （5）六至七年级大队委员 3 名 （6）八年级队员代表 20 名

（续表）

项目	具体内容
物品准备	（1）爱绿护绿小分队旗帜 8 面 （2）移动音响设备 1 套 （3）舞台背景展板

四、活动时间

5月26日爱路日

五、活动内容（主持稿见"活动资源链接"）

1. 道路"绿"起来

一至三年级队员争做"护绿小使者"，到校园周边植物缺失的道路绿化带中去补种植物，播种下生机勃勃的绿植，使道路环境变得更干净、更富有盎然生机。

2. 环境"洁"起来

四至五年级队员争做"环保小卫士"，他们负责维护学校校门主干道马路上的卫生，共同组建学校"小蜜蜂"志愿者服务队，定期、定时维护道路环境。

3. 桥梁"亮"起来

六至七年级队员争做"社区扮靓师"，他们主动与街道少工委对接，积极投身"人民城市人民建"社区微治理行动，清洁街道辖区内的桥梁，并以涂鸦、创意装扮、绿植摆放等形式，参与社区微治理。

4. 路面"平"起来

八年级队员结合"打着队旗去考察"活动，对松江各自居住社区附近沿线道路受损情况，及附属设施如雨水井、桥梁、绿化等进行寻访，并对影响道路安全的路况进行记录。

我是"护绿"小使者

六、活动延伸

1. 路面种类知多少

利用全校集体午会时间，准备好展板，举行路面种类相关科普知识展，并举行有奖问答。

2. 路面标识连连看

利用全校集体午会时间，印发路面标识知识相关测试卷，全校统一时间进行测试，对测试优秀队员进行表彰。

3. 路面美化我助力

八年级队员将"路面'平'起来"活动中收集到的社区附近道路受损情况记录表，反馈至相关部门进行备案，以助相关部门尽快进行修复。

活动资源链接

爱路护路　乐行松江

——寻访松江道桥文化馆基地"红领巾新风尚"大队环保行动主持稿

甲：各位辅导员、队员们，大家好！我是主持人，来自××中队的××。

乙：我是主持人，来自××中队的××。

甲：是什么翻山越岭，飞架南北，让偏远地区人民通向富裕之梦成为可能？

乙：是什么让天堑变通透，四季春秋接续？

甲：是我们每天都会经过的一条条看似平凡却又不普通的道路。

乙：下面我宣布"爱路护路　乐行松江"——××学校"红领巾新风尚"大队环保行动启动仪式——

合：现在开始！

甲：首先，请允许我介绍今天到场的领导和嘉宾。他们是××、××、××。让我们以热烈的掌声欢迎他们的到来。

乙：道路与大家的生活息息相关，爱路护路人人有责。学校少工委成立了少先队爱路护路小分队，下面请队员代表上台，请少工委主任×××老师为他们授旗。（八个年级各一支小分队代表）

基地五　松江道桥文化展示馆

甲：感谢××老师。各位小分队的队员们，希望你们在接下来的分年级活动中，记住你们的使命，行使你们的职责，做一名优秀的护路队员！

乙：一至三年级的队员们将在接下来的行动中一起争做"护绿小使者"，他们将一起到校园周边植物缺失的道路绿化带中去补种植物，播种下生机勃勃的绿意。下面就请一至三年级队员代表带来红领巾宣讲《道路"绿"起来》。

甲：一至三年级的队员们表达了他们让道路"绿"起来的决心。绿色的道路将让我们的城市更加美丽。四至五年级的队员们将在接下来的风尚行动中争做"环保小卫士"，他们准备了许多关于保持道路清洁的知识问答，有请大队主席××向队员们提问。

乙：看到大家听题后，都能迅速而准确地说出答案，我们深深地感受到爱路护路知识真是已深入人心了呀！接下来，让我们一起仔细聆听六至七年级大队委员们为我们带来的《扮靓桥梁三句半》，表达他们在接下来的社区活动中积极参与社区微治理的决心。

甲：感谢大队委员们的精彩表演。

乙：我校八年级的队员们已经在各自居住的社区附近进行寻访，记录下沿线道路受损情况及附属设施。在接下来的行动中，他们将一起努力让身边的道路"平"起来。

甲：下面，就请在场所有队员、嘉宾在八年级队员的带领下，一起进行爱路护路签名仪式，请队员们、嘉宾们依次到主席台前的展板上签名。（背景音乐）

乙：我们是信使，将爱路护路的声音传遍千家万户。

甲：我们是设计师，用我们的智慧，描绘更发达的公路蓝图。

甲：爱路护路，是我们每个公民义不容辞的责任！

乙：爱路护路，爱的是美好生活，护的是人民幸福！

甲：下面我宣布"爱路护路　乐行松江"——××学校"红领巾新风尚"大队环保行动启动仪式到此结束！

基地六
云间粮仓

基地六 云间粮仓

基地简介

松江素有"鱼米之乡"的美誉。在明清两代,松江是江南的储粮重地,米业兴旺,漕舟云集,水运繁忙。新中国成立以后,云间粮仓开始承担松江粮食存储的重任。云间粮仓的现存建筑是自20世纪50年代至20世纪90年代间陆续建造的。这里曾是一代松江人的记忆,先后历经第一仓库、南门粮库、松江米厂、松江面粉厂、松江县配合饲料厂等阶段。可以说,云间粮仓见证了新中国成立以来松江粮食行业的发展演变,更寄托着上海市领导的深切关怀、凝聚着几代人的心血。

第一仓库时期:新中国成立后,松江为解决粮食的仓储,1950年下半年,中粮松江支公司在县城南门新建了3幢新型粮仓,容量540万公斤,定名为第一仓库。

南门粮库时期:1953年4月,第一仓库与松江专署粮食局直属粮库合并,更名为南门粮库。

松江米厂时期:1969年12月,南门粮库与松江第一米厂合并,更名为松江米厂,主要负责粮食收购、调运、储存和加工。

松江面粉厂时期:1984年6月,年产37500吨的松江面粉厂一次试车成功,各项技术指标都达到和超过设计需求。在当年的7月,松江米厂改名为松江面粉厂,从此结束了松江无面粉加工的历史。

饲料厂时期:松江县配合饲料厂是上海第一家自行设计、全部国产设备、全钢架结构的新型饲料厂,年产饲料能力4万吨,是当年松江饲料生产

的骨干企业。1988年4月8日，江泽民同志为该厂题写厂名，并题词："振兴饲料工业，为发展副食品生产服务"，以表示祝贺和鼓励。

1993年4月，松江面粉厂更名为上海良大工贸实业公司。

但由于时代的变迁，这里一度颇为荒凉。

2019年4月16日，18位两院院士共同启动云间粮仓项目。

2019年，八号桥集团接手后，历经数月建设，这座荒废多年的老粮仓焕发出了新的生命力，被逐步打造成为松江文创产业的一张新名片。

人物故事：袁隆平、陈永康、李春风

故事一　杂交水稻之父——袁隆平

袁隆平是中国杂交水稻育种专家，中国工程院院士，国家"共和国勋章"获得者，曾任中国国家杂交水稻工作技术中心主任暨湖南杂交水稻研究中心主任、联合国粮农组织首席顾问、湖南省科协副主席和湖南省政协副主席。1953 年，在西南农学院毕业的袁隆平被分配到了偏僻的安江农校教书，他在那里一待就是 16 年。

他在任教期间经历了三年自然灾害，眼看着不少百姓因为吃不上饭倒在了路上。疾病、饥饿、伤痛、死亡……望着满目疮痍的景象、人们脸上的落寞，袁隆平第一次知道了什么是"民以食为天"。儿时的田园梦，交织着已经远去的战火声，袁隆平下定决心要从根源上解决大家饿肚子的问题。于是水稻成了他的研究对象，他把所有的热情与青春，都投入了水稻的研究中。

1961 年 7 月的一天，行走在稻田中的袁隆平发现了一株饱满的特殊水稻。之后的他，每天都蹲在田里观察，敏锐的他意识到这正是一株天然杂交水稻。灵感开始在他的头脑中闪现：如果可以人工培育杂交稻，那么水稻必将大大增产。深山教师袁隆平提出这一想法后，被许多人嘲笑这是对经典学术理论的背叛与颠覆，甚至被视为对基本遗传学的

无知。在一片质疑声中，袁隆平没有放弃，他开始了艰辛而漫长的实践之路。

他视水稻为自己的孩子，头顶烈日天天下田。只要水稻还在生长期，就必定每天观察，就算眼睛刚做了手术、肺部感染，一天要打三次针，他也从不缺席。终于，在观察了 14 万多个稻穗后，他和团队中的人找到了 6 株不育株。1966 年，袁隆平的第一篇论文《水稻的雄性不孕性》发表在《科学通报》上。自此，他把自己的命运与粮食的命运紧紧连在了一起。然而，因为一场暴雨，之前种下的稻苗都被人拔下来了。甚至还有人恶意诽谤："秧苗定是他害怕实验不成功，自己拔的。"很多人嘲笑他的坚持，袁隆平却说："无论遇到什么困难，我决不会退缩。"失败和污蔑没有将他击败，反而让他变得愈发坚强。

1974 年秋天，袁隆平终于育成了中国第一批强优势组合"南优 2 号"，表现出很大的增产优势。普通水稻亩产只有 200 多公斤，而杂交稻亩产一般都超过 500 公斤。袁隆平成功了。1976 年开始，全国推行杂交水稻，到 1998 年，全国一半的稻田都在种杂交水稻。他被全世界誉为"杂交水稻之父"。

凭借着这颗宁静而坚韧的心，袁隆平历经暴风雨般的挫折和困境后，完成了自己多年来的愿望：不让人们挨饿。90 岁时的他还给自己设立了高产高产超高产的任务，研发出海水稻和第三代杂交水稻更是一秒都耽误不得。他说："我曾梦见杂交水稻的茎秆像高粱一样高，穗子像扫帚一样长，籽粒像花生米一样大，我和助手们一块在稻田里散步，在稻穗下面乘凉……我把这个梦称为禾下乘凉梦。这是我的梦想，是我追求的目标。"

学生读后感

> 读了袁隆平爷爷的故事,我深受感动。袁隆平爷爷热爱祖国、一心为民、造福人类的崇高品德,与时俱进、勇攀高峰的创新精神,不畏艰险、执着追求的坚强意志,袁隆平爷爷严以律己、淡泊名利的高尚情操,正是我们当代少先队员学习的楷模。袁隆平爷爷为了让更多的人远离饥饿,从未停下过脚步。九十多岁高龄的时候,他依旧奋斗在科研一线。如今的我们,已不再生活在那个吃不饱饭的年代了,这都是袁隆平爷爷及其他的科学家们的功劳。我们作为少先队员,要学习袁隆平爷爷身上不畏艰险,不惧质疑,勇于探索的精神,长大后为国家作贡献!
>
> ——上海市松江区方塔小学五(2)七色花中队 陈亮

故事二 松江水稻状元——陈永康

陈永康是我国著名的水稻学家,全国劳动模范,他于1907年出生于江苏松江(今属上海市)。20世纪50年代,陈永康身为苏南区的农民,用"一穗传"的方法选育出单季晚粳稻良种"老来青",大面积亩产达500公斤,在太湖地区成为水稻当家品种。

20世纪60年代初,陈永康与江苏省内外的作物栽培、土壤肥料、农业气象和植物保护等学科的专家一起,从理论上探明了水稻叶色黑黄变化的生理基础及其在产量形成中的作用,形成了具有中国特色的"水

稻高产理论"。1964年，在亚、非、拉美和大洋洲44个国家参加的北京国际科学讨论会上，他与同仁联合发表了《晚粳稻高产的看苗诊断和栽培措施的研究》学术论文，引起了国际同行的关注，获得了很高的评价。

陈永康的水稻高产技术自20世纪50年代在江苏全省以及长江中下游主要稻区大面积推广。1955年，上海科教电影制片厂到他所在的松江县联民农业生产合作社拍摄科学教育片《培育壮秧》。尤其是20世纪60年代，中共江苏省委、省人民政府在太湖地区建立基地和样板，以点带面，层层推广，陈永康水稻高产技术应用面积达700万公顷，创造的经济价值达数十亿元。陈永康对提高大面积水稻生产的精耕细作水平和实现高产稳产起了重大作用，对中国栽培技术科学的发展做出了卓越的贡献。他是农业科技工作者的楷模，是科研与生产紧密结合的典范。1978年，他的科研成果荣获全国科学大会奖。

陈永康不仅是一位在国内外享有盛誉的农民科学家，还是一名中国共产党员，曾任第六届全国人大常委会委员、中共江苏省第四届委员会委员、江苏省农科院研究员、副院长、党组成员。他的一生艰苦朴素、始终保持劳动人民的本色，活到老、学到老，勇于探索，不断进取。陈永康年逾古稀时仍亲自下田操作、下乡传授技术，参加科学试验，直到生命最后一刻。他从松江华阳桥长岸出发，凭着孜孜不倦的敬业精神，步入了科学的殿堂，是松江最为杰出的科学家之一。他的一生始终保持着农民的生活习惯，不辍劳作，生活简朴，永远值得后人敬仰。

基地六 云间粮仓

> **学生读后感**
>
> 读了陈永康爷爷的故事，让我感触颇深，陈永康爷爷为我们松江的水稻事业做出了巨大的贡献。陈永康爷爷通过自己的努力，步入了科学的殿堂，成为了最杰出的科学家之一。可他一生始终保持着农民艰苦朴素的生活习惯。
>
> 这清贫、朴素的生活，值得我们少先队员学习，也永远值得后人敬仰。陈永康爷爷帮助我们松江研究了新的水稻品种，改善了松江农民的劳动生活。我不禁想起了李绅的《悯农》："锄禾日当午，汗滴禾下土。谁知盘中餐，粒粒皆辛苦。"我们少先队员不能浪费来之不易的粮食，应该从我做起，珍惜粮食，争当"光盘侠"。
>
> ——上海市松江区方塔小学五（2）七色花中队　陆诗涵

（本故事参考：https://baike.baidu.com/item/%E8%A2%81%E9%9A%86%E5%B9%B3/43836）

故事三　新型家庭农场主——李春风

在上海市松江区泖港镇腰泾村，有一个集品牌稻米绿色生产、生猪饲养和现代农机服务"三位一体"的集约型家庭农场，经营这个农场的农场主名字叫李春风。农场主李春风原来在松江工业区一家合资企业工作，2008年，他弃工从农，子承父业，开始经营117亩粮食家庭农场。

李春风紧跟政策导向和松江区特有的区域耕作特点，自己出资配置

了 4 台拖拉机、1 台收割机、1 台精量穴直播机、1 台植保机，成立了机农一体型的农场。李春风还与本村其他 4 户家庭农场主建立起了农机服务互助协作关系，形成了农机互助小组，为本村 1500 亩土地提供农机服务，提高了农场自有农机的使用率。2011 年，李春风申报了种养结合家庭农场建设。猪场建在农田旁，占地面积约 3 亩，其中，棚舍建筑面积 800 平方米，辅助用房 37 平方米，配有现代化通风、降温和粪尿收集利用设施。每年可饲养生猪 3 个批次，每批次约 500 头。李春风之所以开展生猪养殖，是因为种养结合可实现生态循环效果：养猪粪尿还田利用后，化肥施用量减少了 30%，长期实践下来，土壤质量越变越好，土壤耕作层加厚了 3 厘米至 5 厘米。

  2014 年，松江大米成功获批为沪上唯一稻米类国家地理标志保护产品。李春风家庭农场所在区域，正是松江大米的核心种植区和主产地。2015 年，李春风创办了属于自己的上海万群粮食专业合作社，并入选为"松江大米"品牌指定销售点，不仅经营自家种植的优质大米，还与松江本地农业龙头企业签约，以高于稻谷市场收购价 15% 的价格销售优质稻谷。2018 年，李春风家庭农场全部种植"松 1013"和"松 1018"特色优质品种，告别了把稻谷卖给粮管所的时代，率先实现了"卖稻谷"向"卖大米"的转型。2016 年，李春风家庭农场注册了"李春风"牌大米商标，按照国家绿色食品标准和申报要求，筹备申请绿色认证。由于农场土质等现有条件良好，2019 年 2 月顺利被中国绿色食品发展中心认证为绿色食品 A 级。

  李春风这位年轻的农场主接替父辈们从事农业，更好地发挥了青年人的知识储备和技能素质等优势，实现了农场的代际传承，促进了农场的可持续经营，让更多人认识和了解了松江大米。

基地六　云间粮仓

学生读后感

读了李春风的故事，我觉得李春风是一位勇敢探索的人。他为了让农场更加现代化，使农场的工作效率更高，想尽了一切办法，拓展新领域，充分发挥了创新精神。李春风通过自己的实践探索，取得了优异的成绩，让全松江人民都为之敬佩。

在李春风子承父业的选择中，还让我们看到了优良家风的传承。他并未跟风选择企业，而是继承父辈的事业，扎根农场，把家庭农场变得越来越好。过去种田主要靠劳动力，现在我们可以利用好科学技术，使种田变成更高效、更助力社会发展的事业。

李春风在传承中创新的精神，十分值得我们少先队员学习。我们以后也要像李春风一样，从小学好科学知识，为松江做贡献，做建设家乡的栋梁之材。

——上海市松江区方塔小学五（2）七色花中队　沈雨桐

（本故事参考：《第一批全国家庭农场典型案例（13）：上海市松江区李春风家庭农场》，http://www.zcggs.moa.gov.cn/jtncpyfz/202005/t20200521_6344830.htm）

小知识测一测

1. 云间粮仓先后经历了哪些阶段，请你按时间先后顺序排序，将序号填在括号内。（　　）

　　A. 饲料厂

　　B. 松江面粉厂

　　C. 松江米厂

　　D. 南门粮库

　　E. 第一仓库

2. 被誉为世界"杂交水稻之父"的人是谁？（　　）

　　A. 邓稼先

　　B. 钱学森

　　C. 袁隆平

3. 陈永康培养的水稻品种叫什么？（　　）

　　A. "老来青"

　　B. "国丰一号"

　　C. "早桂一号"

4. 一粒大米的产生，需要经过哪些过程，请你按先后顺序排序，将序号填在括号内。（　　）

　　A. 翻土

　　B. 插秧

C. 育苗

D. 灌溉施肥

E. 晾晒

F. 收割

G. 脱壳

5. 世界粮食日是几月几日？（　　）

A. 5月1日

B. 10月16日

C. 9月16日

6. "五谷"主要是指：稻谷、黄米、小米、小麦和什么？（　　）

A. 高粱

B. 糯米

C. 菽类

7. 在李春风的家庭农场里，他把什么建在农田旁边，施行种养结合，大力发展循环农业？（　　）

A. 鸡场

B. 猪场

C. 鱼塘

参考答案

1. EDCBA　2. C　3. A　4. ACBDFEG　5. B　6. C　7. B

打着队旗访云间

实践活动方案

活动方案一　走进云间粮仓　争做节粮小卫士
——小队寻访活动

一、活动目的

通过走进云间粮仓参观打卡学习活动，让队员增长粮食知识、了解粮食酿酒的方法，探究太空育种的科学技术，增强队员们爱粮节粮的观念，弘扬中华民族勤俭节约的传统美德。

二、活动地点

云间粮仓

三、活动对象

××小队队员、中队辅导员或校外辅导员

四、活动准备

项目	具体内容
人员要求	各中队根据队情、组建假日小队,以自荐或推选形式确定小队长
物品准备	小队旗、寻访路线图、绘画工具、相机、提问卡、笔记本
活动准备	(1)确定寻访时间:和队员们共同商讨和确定寻访时间 (2)商讨寻访路线:组员们根据场馆介绍,设计寻访路线,完成寻访活动 (3)布置打卡任务:小队成员根据个人特长分配任务,做好拍摄、记录、采访、道具、主持、后勤的任务分配(见"活动资源链接") (4)提醒注意事项:注意参观纪律、交流礼仪、保证活动安全 (5)联系寻访对象:自聘假日小队校外辅导员

五、活动过程

1. 画一画:云间半亩田

参观云间半亩田的展厅,在这里抬头可以望见漂浮的云朵,低头可以遇见秋天金色麦田的美丽风光,请队员们坐在草垛做成的座椅上,用自己的画笔描绘出田野中的麦穗成熟的时刻,感受粮食丰收的场景。

2. 找一找:八大筒仓

在云间粮仓里有一处标志性景观——八大筒仓。它高24米、单个筒仓直径达5.5米,是原供松江面粉厂存储原料的地方。上面还有巨幅筒仓涂鸦《稻田守望者》——4位宇航员行走在稻田中,手持水稻,仰望星空,蕴含的是松江大米航天育种的主题。航天育种是用太空飞行器将种子带上太空后,利用特有的太空环境条件,如宇宙射线、微重力、高真空等因素对植物的诱变作用,使种子产生各种变异,再返回地球选育出新种质、新品种。请队员

们在八大筒仓下合影，了解航天育种的过程。

3. 访一访：啤酒文化博物馆

探访啤酒文化博物馆。这里有万国啤酒展示墙，展出了上万品种来自世界各地的精酿啤酒。请队员们通过观赏、采访工作人员的方式了解粮食精酿成啤酒的酿造过程、发展演变，以及啤酒原料、酿酒设备、灌装设备、包装方式，了解啤酒文化。

4. 赛一赛：粮食知识竞赛

在广场上举行粮食知识竞赛。小队成员中由一名队员担当主持人，负责播报题目；还有一名队员负责计分和统计比赛结果。剩余队员可以分为两个小组，通过抢答的形式，比一比哪个组的队员对粮食的存储方式等知识了解更加深入和全面。

寻访云间粮仓

六、活动延伸

1. 写下小小感悟

在活动过程中积极撰写心得，在辅导员或家长的帮助下，通过各种网络途径发布自己的活动感悟。

2. 拍下精彩瞬间

举办云间粮仓寻访成果展示会，把自己在云间粮仓拍摄的照片制作成视频进行展播，跟周围的伙伴、亲友介绍云间粮仓的发展与变化。

3. 表彰"节粮小卫士"

对每餐都能做到文明用餐、不浪费、不挑食的队员进行表彰。向周围队员宣传他们的优秀事迹。

取之有度，用之有节，则常足。队员们，让我们从身边做起，从点滴做起，积极倡导爱粮节粮、文明用餐、光盘行动的新理念、新习惯和新风尚吧！

走进云间粮仓

活动资源链接

"走进云间粮仓 争做节粮小卫士"寻访小队活动记录表

学校：	小队名：
寻访时间：	寻访地点：
小队成员：	

写下你在四个打卡地点的收获吧！	
打卡地点一：云间半亩田 1. 我找到了云间半亩田。 完成_____ 没完成_____ 2. 这是我画的云间半亩田。	打卡地点二：八大筒仓 1. 我找到了八大筒仓。 完成_____ 没完成_____ 2. 从《稻田守望者》这幅涂鸦中，我知道了太空育种的原理是：
打卡地点三：啤酒文化博物馆 1. 我找到了啤酒文化博物馆。 完成_____ 没完成_____ 2. 我知道把粮食酿造成啤酒的步骤是：	打卡活动四：粮食知识竞赛 1. 我参加了粮食知识竞赛。 完成_____ 没完成_____ 2. 我在比赛中的收获是：

基地六 云间粮仓

活动方案二 做一粒新时代的好"种子"

——三年级中队主题活动

一、活动目的

为进一步培育队员锲而不舍、乐于奉献的精神；懂得劳动、珍惜粮食的品质。通过学习袁隆平爷爷的故事，探索大米的种植过程以及参与节约粮食宣传教育活动，体会劳动的艰辛与收获的快乐。培养队员坚韧不拔的探索精神；增强小主人翁意识；养成珍惜劳动成果的好习惯。懂得美好生活要靠我们的双手创造，争做新时代优秀的红色"种子"。

二、活动地点

云间粮仓

三、活动对象

三年级队员、中队辅导员

四、活动准备

项目	具体内容
人员要求	（1）旗手3名（出旗手1名；护旗手2名） （2）主持人2名
物品准备	（1）中队旗1面 （2）水稻种植相关的书籍或网络资源 （3）移动音响设备1套 （3）音乐：《出旗曲》《退旗曲》《我是一粒米》
前期准备	（1）水稻种植的相关资料 （2）袁隆平的故事相关资料

五、活动过程（主持稿见"活动资源链接"）

1. 宣布开始。

2. 出队旗。（奏《出旗曲》、全体队员敬礼）

3. 唱队歌。（《我们是共产主义接班人》）

4. 一粒种子的改变。

（1）辅导员介绍我国杂交水稻之父——袁隆平。

（2）思考：从袁隆平爷爷身上感受到了怎样的精神和品质？（锲而不舍的精神；坚持到底的信念；脚踏实地的态度）

5. 一粒种子的诞生。

（1）探究——"一粒种子的诞生"：以小队为单位查找水稻种植的相关资料，探寻水稻的种植过程，并做好记录。

（2）分享——以小队为单位进行水稻种植知识探究分享。

（3）总结——辅导员介绍一粒大米的诞生过程。

（4）讨论——探究过程中的感悟。（一粒种子的来之不易）

6. 一粒种子的行动。

（1）实地探访：辅导员带领队员参观云间粮仓旧厂房，了解云间粮仓的历史，感受"民以食为天"的含义。（体会粮食的来之不易以及美好生活要靠劳动人民的双手创造的意义）

（2）现场讨论：如何做一粒新时代的"好种子"。（持之以恒的探索精神；脚踏实地的逐梦品质；报效祖国的红色信念）

7. 活动总结。

8. 退旗。（奏《退旗曲》，全体成员敬礼）

六、活动延伸

1. "做一粒新时代的好'种子'"——倡议宣传活动

利用好每周红领巾广播、国旗下讲话、少先队宣传阵地等开展宣传活动。请参加"做一粒新时代的好'种子'"活动的队员们，将活动中的体会与感悟通过海报的形式进行宣传，让更多的队员加入到我们的行动中来。

2. "做一粒新时代的好'种子'"——社会实践活动

（1）组织"打着队旗去考察"小队活动，利用假期或周末的时间，进入田间地头，更真实地参与到水稻的种植劳作等活动，加深劳动体验。

（2）积极学习劳动技能，学做"小厨师"；争当节粮"小使者"；积极参加公益活动。

（3）发挥"小手拉大手"的作用，做"光盘我先行"活动的家庭、社区宣传员。

"做一粒时代的好'种子'"社会实践活动

活动资源链接

做一粒新时代的好"种子"
——寻访云间粮仓三年级中队主题活动主持稿

男：敬爱的辅导员，

女：亲爱的队员们，大家好！

男：××学校××中队"做一粒新时代的好'种子'"——寻访云间粮仓三年级中队主题活动——

合：现在开始。

★ 出中国少年先锋队队旗

男：请全体立正，出中国少年先锋队队旗，敬礼。（音乐《出旗曲》，全体敬礼）礼毕。

★ 奏唱中国少年先锋队队歌

女：齐唱中国少年先锋队队歌。（我们是《共产主义接班人》完整两段）

★ 一粒种子的改变

男：秋天是收获的季节，每当风吹过稻田，我们会想起谁？

女：是袁隆平爷爷。

男：下面，有请辅导员为我们讲一讲袁隆平爷爷的故事，大家欢迎。

女：听了袁隆平爷爷的故事，队员们一定有很多话想说，请大家谈一谈你从袁隆平爷爷身上感受到了怎样的精神和品质。

★ 一粒种子的诞生

男：队员们说得很对。袁隆平爷爷身上那种锲而不舍的精神；坚持到底的信念；还有脚踏实地的态度，值得我们所有人学习。

女：是呀！正是祖辈们用汗水浇灌了这一粒粒的小种子，让他们生根发芽，茁壮成长。

男：下面请队员们以小队为单位，利用课前准备的资料，一起探究大米是怎样诞生的吧！看看哪个小队的答案最正确。

（小队交流）

女：下面哪个小队愿意先来分享你们的答案呢？

（队员分享）

男：有请辅导员为我们进行总结。

辅导员：经过各小队的合作探索，大家都给出了正确的答案。一粒种子的诞生是来之不易的，是无数人共同努力付出的结果。

★ 一粒种子的行动

男：队员们，下面辅导员将带领我们一起参观云间粮仓，请大家仔细聆听辅导员的讲解，届时会有许多有趣的问题等着你哦！

女：队员们，刚才听了辅导员的讲解，大家有什么感受吗？请谈谈你们的想法。

（队员交流感想）

辅导员：队员们，你们就像这一粒粒的种子，正蓄势待发，茁壮成长。要像袁隆平爷爷那样，一步一个脚印做好每一项研究；不放过每一个成功的机会，成为一粒扎根大地的好"种子"。那我们该如何做一粒新时代的好"种子"呢？

★ 活动总结

辅导员：大家说得非常好。让我们从节约粮食做起，从身边小事做起。

有人说：世间所有的故事，都是由一粒种子开始的，让我们一起做一粒新时代的好"种子"，珍惜美好，向阳而生。

★ 退旗

男：队员们，今天的中队活动到此结束，请全体立正，退旗，敬礼！

（音乐《退旗曲》，全体敬礼）礼毕。

活动方案三　珍惜粮食　争做"光盘侠"
——四年级中队主题活动

一、活动目的

参观云间粮仓活动使队员们了解粮仓的历史变迁，体会粮食保存的不易和艰辛；进一步了解珍惜粮食的意义，并反思自己存在的浪费现象；通过讨论分享珍惜粮食的金点子，促进队员共同进步；同时通过"珍惜粮食好习惯21天养成卡"的打卡活动，引导队员们真正地养成珍惜粮食、每顿"光盘"的好习惯。

二、活动地点

教室

三、活动对象

××中队全体队员、中队辅导员

四、活动准备

项目	具体内容
人员要求	（1）主持人2名 （2）旗手1名；护旗手2名
物品准备	（1）中队旗1面 （2）多媒体课件 （3）竞赛题目单 （4）"珍惜粮食好习惯21天养成卡" （5）《出旗曲》、《退旗曲》、中国少年先锋队队歌

五、活动过程（主持稿见"活动资源链接"）

1. 宣布开始；

2. 出队旗；

3. 唱队歌；

4. 赛一赛："云间粮仓"知识竞赛；

5. 谈一谈：身边的粮食浪费现象；

6. 学一学：粮食浪费知多少；

7. 比一比："'光盘'点子大比拼"；

8. 中队辅导员总结；

9. 退旗。（奏《退旗曲》，全体成员敬礼）

六、活动延伸

1. 21 天"光盘"挑战赛

利用习惯养成卡进行"珍惜粮食的 21 天打卡挑战赛"。在校期间的午餐光盘情况由中队辅导员进行评价。非在校时间，由家长监督打卡，同时上传光盘照片。

2. 评选"'光盘'小标兵"

（1）每月根据队员的打卡记录情况，评选"'光盘'小标兵"并予以表扬和奖励，请队员分享自己的收获和感想。

（2）帮助不能很好完成打卡任务的队员找出原因，给出建议，促进更多的队员养成珍惜粮食的好习惯。

活动资源链接

珍惜粮食　争做"光盘侠"
——寻访云间粮仓四年级中队主题活动主持稿

甲：敬爱的辅导员，

乙：亲爱的队员们，

齐：大家好！

基地六 云间粮仓

甲：厉行节约、反对浪费是中华民族的传统美德，同时也是中国共产党的优良传统。

乙：习近平总书记一直高度重视粮食安全，并积极提倡"厉行节约，反对浪费"的社会风尚。

甲：他多次强调要制止餐饮浪费行为，在全社会营造浪费可耻、节约为荣的氛围。

乙：今天，我们相聚在这里，一起探访"云间粮仓"，共谈"珍惜粮食"。

甲：我宣布：××学校××中队"珍惜粮食，争做'光盘侠'"——寻访云间粮仓四年级中队主题活动——

齐：现在开始。

★ 出中国少年先锋队队旗

甲：请全体起立，出中国少年先锋队队旗，敬礼。（音乐《出旗曲》，全体敬礼）礼毕。

★ 奏唱中国少年先锋队队歌

乙：齐唱《少年先锋队队歌》。（音乐《我们是共产主义接班人》完整两段）

★ 赛一赛："云间粮仓"知识竞赛

甲：队员们，我们刚刚参观了云间粮仓，让我们各小队一起回顾一下在基地看到的不同样式的粮仓及其优点吧。

乙：请各小队派代表交流你们的讨论结果。

（队员代表交流）

"云间粮仓"知识竞赛

甲：再请队员们思考一下"为什么人们要不断地创新粮仓样式和存粮方式呢？"。

（队员交流想法）

乙：下面，请辅导员××老师宣布正确答案，大家掌声欢迎。

（掌声）

辅导员：队员们，你们的观察都很仔细，讨论也很激烈。不同样式的粮仓有不同的优点，但最终的目标只有一个，就是更好地保存粮食。毛主席说："手中有粮，心中不慌。"民以食为天，粮食来之不易，一定要好好保存，不能让他们在仓库里有任何损耗。

★ 谈一谈：身边的粮食浪费现象

甲：谢谢××老师。

乙：队员们，云间粮仓在设计时，都要想方设法尽可能地减少粮食损耗。可是在我们身边，为什么却存在着粮食浪费的现象？请大家交流一下你看到的粮食浪费现象。

（队员随机交流）

甲：从队员们的分享来看，浪费粮食的现象还是普遍存在的。那你自己在生活中有没有浪费粮食的现象呢？是不是每天都做到了"光盘"呢？

（队员随机交流）

★ 学一学：粮食浪费知多少

乙：有些队员可能觉得，我们国家不是在2021年已经脱贫了吗？已经没有人饿肚子了吧？那我们还有必要这么节约吗？

甲：下面，让我们来看一组数据吧。

（出示数据）联合国粮农组织和国家粮食局数据显示，中国每年生产的粮食中有约三分之一被浪费，其中餐桌外的浪费就高达700亿斤，接近我国粮食总产量的 6%。

联合国粮农组织指出，全球每年浪费的食物高达 16 亿吨，其中可食用部分达到 13 亿吨。如果将社会，环境和经济影响全部计算在内，那么联合国估计，食物浪费每年的成本高达 2.5 万亿美元。

乙：队员们，看到这些数据，你有什么感受呢？

（队员分组讨论并交流）

★ 比一比："光盘"点子大比拼

甲：队员们，我们国家已经打赢脱贫攻坚战，全面跨入小康社会，但社会发展不平衡，有些地区依然条件艰苦。

乙：并且国际环境日益复杂，粮食安全仍然不能轻视。

甲：那么，让我们一起思考一下，有哪些节约粮食的好方法和践行"光盘行动"的金点子吧。

（各小队讨论，代表交流结果）

★ 中队辅导员总结

乙：袁隆平爷爷将"让全天下人吃饱饭"作为自己一生追求的目标，并为之奋斗。

甲：最后，请中队辅导员 ×× 老师总结。

辅导员：队员们，粮食安全是国家安全的重要基础，餐饮浪费现象直接危及粮食安全。我们必须时刻紧绷粮食安全这根弦，把节约粮食作为新时代公民道德建设的重要内容，在全社会营造浪费可耻、节约光荣的浓厚氛围。希望你们真正做到"珍惜粮食不浪费"。

乙：队员们，让我们从我做起，从现在做起，共同努力——珍惜粮食，争做"光盘侠"。

打着队旗访云间

★ 退旗

甲：队员们，今天的中队活动到此结束，请全体立正，退旗，奏《退旗曲》，敬礼！（音乐《退旗曲》，全体敬礼）礼毕。

基地七 松江城市发展规划馆

基地七　松江城市发展规划馆

基地简介

　　松江城市发展规划馆按五大板块布展，依次为城市记忆走廊、城市足迹走廊、总体规划展区、和谐规划走廊及180度弧幕3D影院。馆内展出了千年松江府城壁挂模型、松江名人录多联液晶墙、十里长街多媒体长卷、松江老城、松江新城、松江工业区及佘山国家旅游度假区等区域的模型，涵盖了松江的历史、科技、文化、教育、卫生、农业、旅游以及现代工业等内容。

　　展示馆以史实为经，以文化为魂，以光电为凭藉，以时代为场景，融知识性、趣味性和启迪性为一体。城市记忆走廊高度概括了松江自新石器时期以来的主要大事，集中展示了松江自西晋至新中国成立以来的名人名作。宽达10米的动画长卷由5台投影屏幕无缝拼接组成，再现了明清时期松江老城"十里长街"的繁华景象。农业园展区设有"格林葡萄园"互动小游戏以及农业信息互动桌，大大增强了游客的参与度。极具视觉冲击力的3D电影《松江——上海之根》历时14分钟，不仅让观众领略到松江的沧桑巨变和文化积淀，还能感受到历史和时代同时赋予松江的重托与责任。

　　展示馆梳理了九峰三泖近6000年的历史人文，探寻了松江为上海之根的文化内涵，演绎了松江城市建设和管理的先进水平，力证了松江已然成为上海郊区城市化的一部经典力作。它构成松江人乃至上海人了解自身的一扇窗口，成为松江乃至上海的一张亮丽名片。

人物故事：黄道婆、陆机、陆逊

故事一　纺织布业鼻祖——黄道婆

黄道婆，又名黄婆或黄母，南宋末年出生于松江府乌泥泾镇（今徐汇区华泾镇）。她因传授先进的纺织技术及推广先进的纺织工具，而受到百姓的敬仰，在清代的时候被尊为布业的始祖。

植棉的出现及植棉区的扩大是松江棉布得以生存发展的重要条件。但起初，棉布生产发展缓慢。据《上海棉布》记载："然当初无踏车，椎、弓之制，率用手剖去籽，线弦竹弧置案间，振掉成剂，厥功甚艰。"直到黄道婆于元贞年间（1295—1297年）在海南岛向黎族人民学得一手精良的棉纺织技术后，回到家乡乌泥泾，向当地人传授制作"捍、弹、纺、织"等纺织工艺。

"捍"，是指轧棉去籽。黄道婆改进了海南崖州碾籽机，用改进后的机器劳作比乌泥泾妇女手工剥籽的效率提高了数倍。

"弹"，即弹弓和弹椎（槌）。黄道婆将海南崖州木制弹花弓改进为竹制弹花弓，使弓弹力更好，弹出的棉花更软熟。

"纺"，即纺车，是纺纱用具。她将原三锭纺车予以改进，纺出三根同样支数，捻度均匀，条子又好的棉纱。她还耐心教织妇"错纱配色、综线挈花之法"。

基地七　松江城市发展规划馆

"织",即织布。黄道婆把江南原有的技术和黎族棉织技术相融合,总结出自身独特的织造工艺。

这些重大的革新工具和技术,提高了棉纺织业的生产力,也提高了棉布的产量和质量。在黄道婆的精心传授下,乌泥泾织出的棉布质地优良,其中乌泥泾被和番布更是远近闻名。乌泥泾一带靠纺织为生的织户发展到1000多户。番布质优价昂,当时有传言"一匹有费至白金百两者",因此被明孝宗"罢之",明令禁织贵族化的松江布。从此,用黄道婆纺织技艺生产的大众化的松江布才得"衣被天下",得以大力发展。

黄道婆的先进纺织技术很快传遍松江府各地,使松江棉纺织生产实现了一个飞跃,不仅成为松江地区经济的重要组成部分,而且为明清时期松江成为中国棉纺织业生产中心奠定了基础。

学生读后感

当我读完《纺织布业鼻祖——黄道婆》这个故事,我对黄道婆的敬佩之情油然而生。

黄道婆"衣被天下"的功绩是值得令人铭记的,她是我国棉纺织史上的一座丰碑。黄道婆之所以能克服困难学手艺,能按纺织工序革新纺织工具,能按市场需求创新花色品种,是与她勇于实践,善于调查研究分不开的。"衣被天下"的松江布蕴含着黄道婆这位棉纺织革新家的心血和精力。我国历史上的棉纺织业能得到这样快的发展,追本溯源,还是在于乌泥泾的黄道婆对纺织技术的革新和创造,在于她呕心沥血的劳作和传授,在于她的无私奉献。黄道婆是中国劳动妇女的骄傲,是乌泥泾

人的骄傲，是松江人的骄傲，也是整个中华民族的骄傲。

在科教兴国的今天，我们要继承先辈的优良传统，学习更多的知识，将来为把祖国建设得更好，无私地奉献自己的力量。

——上海外国语大学松江外国语学校四（11）中队　胡鄂嘉

（本故事参考：王永顺《图说松江——上海之根》）

故事二　松江书派先驱——陆机

陆机被认为是松江书法史上最早的书法家。他少负英才，出入文武，不但文章冠世，还能统兵沙场。陆机与弟弟陆云并称"云间二陆"，陆氏兄弟的文学与史学成就，堪为时代翘楚，累世标范。二陆家住松江小昆山下，至今小昆山北麓仍留有"二陆读书台"。

明末，以董其昌为领袖的松江书派、松江画派的书画成就达到高峰，松江成为全国书画中心。探究松江派的源流，要追溯到西晋时期。明代大书法家董其昌认为，陆机、陆云兄弟是开创松江书派的先驱。他在《画禅室随笔》中说："吾松自陆机、陆云，创于右军之前，以后遂不复断响。"

陆机的《平复帖》是我国至今存世最早的书法真迹，有"中华第一帖"之誉，距今已有1700余年。《平复帖》共9行86个字，字体是从汉隶转为草书的"初草"，是章草的最初写法。这本帖朴实雄厚，点画苍劲有力，保存了汉、魏时代章草笔法的优点，是汉、魏向唐过渡时期具有代表性的优秀作品之一。《平复帖》于元代初年流落民间。吴其贞在《书画录》一书中提到，云间郭天锡等曾于元至元二十二年三月己亥在《平复帖》后题写观款。明万历十九年，董其昌为《平复帖》题签。现为卷中第三个题签"晋陆机平复帖手迹神品"10字，没有署名，也没有印记，据文物专家王世襄先生研究考证，"可能就是董其昌所写"。万历三十二年，为《平复帖》题签13年后，董其昌又在帖上写了一段跋。陈继儒观摩该帖后，在《妮古录》中评论说，陆机用笔与西晋著名书法家索靖很相似。

松江许多著名书法家从陆机的《平复帖》中吸取营养，《平复帖》被他们视为至宝，深入研究，产生了很大影响。陆机的书法作品还有行书《望想帖》，他的作品《春节帖》被选入《淳化阁法帖》。陆机以文才闻名于世，因此他的书名被文名所掩，其实，就书法艺术而言，他的成就已达到了相当的高度。

南宋时期，北方文人南移江南，给松江的书法带来了新的艺术生机。至元代，赵孟頫、杨维桢、陶宗仪等大书法家、书法史论家，或盘桓，或寓寄松江，他们设馆授徒，著书立说，交流书艺，对松江的书法发展产生重大影响，促进了松江书派的形成。

学生读后感

"至今池水涵馀墨，犹共诸泉色不同。"书圣王羲之的故事大家耳熟能详，他的《兰亭集序》为历代书法家所敬仰，被誉作"天下第一行书"，是书法爱好者争相临摹的神本。

今天我读了《松江书派先驱——陆机》，才知道松江历史上，有陆机和陆云，史称"云间二陆"。不禁心生向往，寻着故事中提及的二陆故里，即现在的小昆山，来到了二陆生活过的地方。身临其境中，我仿佛看到了陆机、陆云在此手不释卷的场景，陆机一管秃笔一挥，写就了《平复帖》，将汉、魏与唐朝衔接起来，开创了"章草"的先河。虽斯人已逝，但留下的《平复帖》《春节贴》《望想贴》等成为了宝贵的财富，经过岁月的积淀，成为了人文松江中璀璨的明珠，不断滋养着一批又一批的松江人。在阅读人物故事和寻访历史遗迹中，自豪感和满足感油然而生，我为生在松江而感到无比地幸福和骄傲。

松江是浦江之首，丰厚的历史人文将成为松江未来发展的坚实基础，提供源源不断的内生动力，绘就新征程上松江恢弘独特的画卷。

——上海外国语大学松江外国语学校三（2）中队　包泽宇

（本故事参考：王永顺《图说松江——上海之根》）

故事三　松江历史上第一位丞相——陆逊

松江古称华亭，那"华亭"这一名称是怎么由来的呢？历史上众说纷纭，有华亭谷说，华亭侯说，等等。

南宋绍熙四年编纂的《云间志》记载："至于县之得名，《通典》《寰宇记》云：地有华亭谷，因以为名。按《陆逊传》：逊初封华亭侯，进封娄侯，次江陵侯。"由此可见，"华亭"这一名称与三国东吴名将陆逊有关。根据《三国志·吴书》记载，陆逊年少时父亲就死了，他跟随堂祖父庐江太守陆康到了祖父当官的地方生活。后来袁术将军跟陆康有仇，为了预防仇家进攻，陆康送陆逊和亲属返回原来的祖籍吴地长谷（即谷水），也称华亭谷。古代人常将谷水指称华亭，《吴地记》在介绍华亭别称时记载道："地名云间，水名谷水。"后来谷水（华亭谷）成为松江的别称。《搜神记》记载：由拳县，秦时长水县也。始皇时，童谣曰："城门有血，城当陷为湖。"《上海旧政权建置志》按嘉庆《上海县志》绘制的《古上海图》绘有圆诚、大迎、长迎，并在此三泖中注："周敬王时置长水县，秦始皇更名由拳后，陷为谷，因名华亭谷。"杨维桢在《二陆祠堂记》中写道："二陆自昭侯逊来，世为华亭谷，谷之傍有山曰昆，陆氏之先葬焉。"此后，华亭谷成了陆氏庄园。南宋时期的唐询有首诗写道：

《华亭谷》

深谷弥千里，松陵北合流。

岸平迷昼夜，人至竟方舟。

打着队旗访云间

照月芳渚泣，迎风弱荇浮。

平波无限远，极目涨清秋。

大致意思是诗人唐询在华亭谷岸边极目远眺，看到清秋深谷和行人方舟交织成了一幅谷水风光的美丽图景。

孙权担任将军职务时，陆逊21岁，在孙权的将军官署任职。后来孙权把自己兄长孙策的女儿嫁给陆逊，还多次登门与陆逊共商政务。建安二十四年，孙权谋划夺取荆州，派吕蒙屯兵陆口。陆逊前往陆口见吕蒙，商定袭取荆州的计划。由吕蒙推荐，任命陆逊为偏将军右部督，代替吕蒙驻陆口。那时候荆州蜀大将关羽正与曹操于樊城作战，刚获胜。陆逊就写信给关羽致贺，言辞卑下，使关羽失去警惕，趁机将荆州守军大半调离北上。孙权任命陆逊和吕蒙担任前锋指挥，乘虚袭取荆州。因此，民间有"关羽大意失荆州"这一俗语。这一仗，解除了刘备对东吴政权的西线威胁，也为孙权赢得了荆州这块重要的战略要地。陆逊因为立了功，被授予抚边将军头衔，领宜都太守，封为华亭侯。这是华亭地名首次见于正史。陆逊后来又率领大军平定房陵、稀归等地，进封娄侯。三国时期，黄武元年，陆逊担任大都督指挥夷陵之战，利用火攻打败了蜀军，成为我国古代军事中一次以少胜多的著名战役。后来，陆逊成为东吴丞相，他是松江历史上的第一位丞相。

学生读后感

我阅读了《松江历史上第一位丞相——陆逊》后，才知道我们松江古代被称为"华亭"是因为和陆逊这位著名的历史人物有关。

基地七 松江城市发展规划馆

> 通过这篇文章，我了解到陆逊是三国时期的著名军事家、政治家。他原本只是一个读书人，却可以领兵打仗，并且打败了大名鼎鼎的战神关羽和一代枭雄刘备，在民间留下了"关羽大意失荆州"的俗语。看了陆逊的事迹后，我在想，三国时期，这么多的有才华的人，为什么陆逊更加出众呢？三国时期，有很多人见风使舵，背叛自己的国家，投靠更强大的政权，而陆逊为什么却能从一而终呢？我想，那可能不仅仅是因为智慧，更是因为他对他的国家深深的热爱！是智慧与热爱祖国并存，让他在我国古代历史上具有不朽的地位！
>
> 原来在一千多年前，我们现在生活的这片热土上在就活跃着这些充满智慧的、充满爱国主义情怀的智者。是他们的智慧，是他们的热爱，是他们的开拓，使我们的家园从古华亭到谷水到云间到松江府到现在新时代的国家花园城市松江。我为我是松江人而感到骄傲！
>
> ——上海外国语大学松江外国语学校五（6）中队 宋子轩

（本故事参考：王永顺《图说松江——上海之根》）

小知识测一测

1.（多项选择题）松江文化名人辈出，下列哪些名人出自松江？（　　）

　A. 陆机　　　　　　　　　B. 黄道婆

　C. 董其昌　　　　　　　　D. 鲁迅

2.（多项选择题）松江的古建筑有哪些？（　　）

　A. 云间第一楼　　　　　　B. 唐经幢

　C. 明照壁　　　　　　　　D. 护珠塔

3. 松江有哪两座山？

_____　　_____

4.（单项选择题）松江称为什么城市？（　　）

　A. 旅游型城市　　　　　　B. 花园型城市

　C. 金融型城市　　　　　　D. 工业型城市

5. 松江市民出行主要有轨道交通几号线？

_____

参考答案

1. ABC　2. ABCD　3. 天马山　佘山　4. B　5. 9号线

实践活动方案

活动方案一 寻访城市规划馆 争当小小解说员
——小队寻访活动

一、活动目的

积极探索少先队员校外实践基地,丰富队员课余生活,激发少先队员对家乡的热爱以及对家乡文化的认同感;培养少先队员自主探究、团队合作能力;鼓励队员积极参与志愿服务,推进队员成长为勤思善悟的好少年。

二、活动地点

松江城市发展规划馆

三、活动对象

××小队队员、中队辅导员或校外辅导员

四、活动准备

项目	具体内容
人员要求	（1）旗手1名 （2）校外辅导员若干名
物品准备	（1）小队旗1面 （2）分组任务卡 （3）合影背景卡 （4）平板电脑、照相机 （5）记录本、笔
活动准备	（1）路线与时间：在家长志愿者帮助下，提前查好路线和开放时间，队员在家长陪同下前往松江区城市发展规划馆。 （2）清点人数：小队集结，报告人数。 （3）分组领取任务：针对展示馆3个展区进行分组，并推选组长。

五、活动过程

1. "听"——场馆讲解员讲述展区内容

走进松江区城市发展规划馆，队员们在场馆解说员的带领下，参观三大部分展区，总结各个展区展出的主要内容。

第一部分"开天辟地奋斗路　全心全意为人民"——讲述了松江历经新民主主义革命、社会主义革命和建设、改革开放和社会主义现代化建设不同时期，从站起来、富起来再到强起来的伟大飞跃。

第二部分"不忘初心再出发　牢记使命谋发展"——展现出近年来松江区委、区政府深入贯彻落实习近平总书记重要讲话精神，带领全区驶入高质量发展的快车道，创造逆势飞扬的新奇迹。

第三部分"党的组织在身边　党员干部在眼前"——重点介绍了松江区新时代基层党建高质量创新发展的特色举措和主要成就，包括把党组织建在产业集群上；党员干部在疫情防控中冲锋在前，坚持"三全"防疫工作法；让党旗高高飘扬在上海协作第一线，交出决胜脱贫攻坚的满意答卷。

2. "研"——明确讲解的方向和内容

分小组开展行动，针对不同展区的内容进行挖掘和探讨，明确小组所要讲解的内容。小组成员进行充分讨论。

第一小组：讲一讲——松江区第一位共产党人侯绍裘的故事。

第二小组：说一说——高铁时代"站城一体"与"四网融合"的枢纽之城。

第三小组：夸一夸——泖港镇黄桥村农民集中居住区的新变化。

3. "践"——争当各个展区小小讲解员

根据各小组明确的目标，在组长的带领下查找资料，合作撰写解说词；各小组进行解说汇报，各组分别为整个小队队员进行模拟解说，并请小队其他队员提出建议，对解说词进行打磨和补充。

4. "悟"——撰写本次活动的感言和体会

小队队员在"电子互动照片墙"上留下自己的头像照片，并在便签纸上撰写学习参观的体会，粘贴在"感言墙"上。

5. "痕"——合照留影

小队成员在巨幅"永远跟党走"的背景墙前合影，并由学校带队教师整理发送校微信公众号进行广泛宣传。

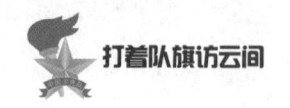

六、活动延伸

1. "讲解员"志愿服务

申请成为松江区城市发展规划馆的小小讲解员，身穿志愿者服装，为各位前来参观的游客进行讲解，是场馆一道亮丽的风景线。

2. 手绘"参观导览图"

合作绘制松江城市规划展示馆参观导览图，标识出各个展区的内容与特色，用手绘富有儿童化的方式绘画，印成折页，供游客使用。

3. 小队活动成果展示

队员通过收集整理"松江区城市发展规划馆"的活动照片、参观路线与学习体会的形式，制作展板，在校大队部宣传栏上展出，号召校内队员们积极参观打卡松江区城市发展规划馆。

参观松江城市发展规划馆

活动方案二 人民城市人民建 祖国发展我成长
——中队主题活动

一、活动目的

为深入学习贯彻《中共中央关于全面加强新时代少先队工作的意见》，努力探索适合少先队员成长特点的社区活动新模式，积极带领少先队员在考察与实践中锤炼自身品质，进一步激发少先队员对家乡的热爱、对祖国的热爱，使得少先队员从小树立远大理想，时刻准备着为实现中华民族伟大复兴的中国梦接力奋斗。

二、活动地点

松江城市规划展示馆

三、活动对象

××中队全体队员、中队辅导员

四、活动准备

项目	具体内容
人员要求	（1）主持人 2 名 （2）旗手 1 名；护旗手 2 名 （3）表演小快板队员 4 名
物品准备	（1）中队旗 1 面、旗架 1 个 （2）"红领巾征集令"令牌、征集任务卡 （3）各小队汇报内容 （4）音乐：《出旗曲》《退旗曲》《我们是共产主义接班人》《红领巾飘起来》

五、活动过程（主持稿见"活动资源链接"）

1. 宣布开始；

2. 出旗；

3. 唱队歌《我们是共产主义接班人》；

4. 集体参观松江城市规划展示馆；

5. 青春故事会——分小队汇报考察内容；

6. 发布"城市微更新"——红领巾征集令；

7. 展望未来——快板表演：我和 2035 有约；

8. 中队辅导员讲话；

9. 呼号；

10. 退旗；

11. 宣布结束。

六、活动延伸

1. 寻一寻"松江地标"

集合队员们亲手绘制的"城市地标"图，将他们粘贴在松江城区地图上，并为每一处"城市地标"撰写一段介绍词，绘制一幅"城市导览图"，人人争当一回松江地标小解说员。

2. 访一访民间传奇

分小队考察松江的民间流传的"非遗文化"，做一回"叶榭软糕"，品一品三国时期的"一盒酥"，听一听美妙的"江南丝竹"，访问手艺传承人，歌咏家乡的传统文化。

活动资源链接

人民城市人民建　祖国发展我成长
——寻访松江城市发展规划馆中队主题活动主持稿

甲：亲爱的小伙伴们，

乙：尊敬的辅导员们，

齐：大家下午好！

甲：我们打着队旗去考察，寻觅松江古迹。

乙：我们心怀憧憬看家乡，书写云间传奇。

甲：今天，我们怀着激动的心情来到松江城市规划展示馆，总结我们各小队考察的成果，在这里举行一次主题集会。

乙：下面我宣布"人民城市人民建　祖国发展我成长"——寻访松江区

城市发展规划馆中队主题活动正式开始！

★ 出中国少年先锋队队旗

乙：全体立正！出中国少年先锋队队旗，敬礼。（《出旗曲》）礼毕！

★ 奏唱中国少年先锋队队歌

甲：奏唱中国少年先锋队队歌。（音乐《我们是共产主义接班人》完整两段）

★ 青春故事会——分小队汇报考察内容

乙：松江是一座有历史的城市，更是一座科技之城、人文之城、生态之城，那么这样一座城市是如何发展的呢？让我们跟着各小队的队员们一起穿越时光之旅吧！

★ 发布"城市微更新"——红领巾征集令

甲：2020年，习近平爷爷考察上海杨浦滨江公共空间杨树浦水厂滨江段时，看到休闲健身的人民群众，习爷爷指出："人民城市人民建，人民城市为人民。在城市建设中，一定要贯彻以人民为中心的发展思想，合理安排生产、生活、生态空间，努力扩大公共空间，让老百姓有休闲、健身、娱乐的地方，让城市成为老百姓宜业宜居的乐园。"

乙：其实在我们身边也有很多地方旧貌换新颜，灰旧立面换成艳丽撞色，垃圾桶披上清新彩绘，街头巷尾有了"口袋公园"……一场"微更新"探索正在我们身边悄然进行，队员们都有双会发现的眼睛，从今天开始，我们发布一场"微更新征集令"，请每个小队队长上台，请中队辅导员为队长授"令牌"，希望用你的奇思妙想为我们的家乡增添新的光彩。

★ 展望未来——我和2035有约

乙：队员们，祖国发展我成长，松江旧貌换新颜，夸夸我的祖国好，走到哪里忘不了。相信在未来的"十四五"规划中，我们的家乡会发展得更快，我们的祖国也会有更美好的明天，下面请我们的××队员上台为大家表演一段小快板回顾我们走过的光辉事迹。

快板：老师们，队员们，见到大家真欢喜，

我们讲讲"十四五"，说说国家日——新——月——异！

"十四五"，松江城，唱响开元新世纪，

建设社会主义现代化，总书记把人民记心里，

全面发展看未来，中国腾飞正崛起！

回顾过去"十三五"，样样都是好成绩。

说经济，中国经济生产总值突破百万亿，

说脱贫，五千五百七十五万贫困人口脱贫瘠，

说粮食，连续五年粮食年产超过一万三千亿，

说治理，碧海蓝天绿水青山到处都是好空气，

说开放，"一带一路"大格局，盘——活——经——济！

说教育，学前教育大发展，高等教育已普及，

最后说咱高科技，嫦娥四号奔月去，北斗导航全球无盲区，

5G人工智能复兴号，世界领先数第一，

说来光荣属过去，我们还得开创新天地，

少先队员向前看，幸福还要靠努力！靠努力！

★ 中队辅导员讲话

甲：队员们在本次"打着队旗去考察"活动中收获很多，我们更要感谢辅导员老师们对我们的支持和鼓励，下面请中队辅导员××老师讲话，大家掌声欢迎！（鼓掌）

乙：谢谢××老师。亲爱的小伙伴们，从今天起，让我们的成长与祖国的发展同步，让我们从小立志向、修品行、练本领，努力让我们的家

乡——新松江变得更美，为实现美丽的中国梦贡献自己的一份力量！

★ 呼号

甲：下面请中队辅导员××老师带领我们呼号！全体立正！

中队辅导员：准备着：为共产主义事业而奋斗！（答：时刻准备着！）

★ 退旗

甲：全体立正，退旗！敬礼！（《退旗曲》，全体敬礼）礼毕！

★ 宣布结束

乙："人民城市人民建　祖国发展我成长"——寻访松江区城市发展规划馆中队主题活动——

齐：到此结束！（音乐《红领巾飘起来》）

基地八 黄桥村

基地八　黄桥村

基地简介

黄桥村位于泖港镇中西部，东靠 G1501 高速公路，南及叶新公路，西至黄桥河，北枕黄浦江，1999 年根据区域调整规划，由原黄桥村与陆庄村合并为现在的黄桥村，现有区域面积 3.29 平方千米，全村总人口 2138 人，外来人口约 336 人。《嘉庆松江府志》中记载"黄桥门长六百八十丈，水亦自大泖来，旧於此植木为水窦七十余，以泄入横潦泾，水流甚急"。

素有"浦江第一村"的黄桥村获奖无数，如全国特色村、全国生态文化村、全国最美休闲乡村等荣誉。2017 年黄桥村荣获了"第五届全国文明村"的称号。2018 年 2 月，黄桥村被确定为上海市唯一一个乡村振兴示范村创建和农村宅基地改革"双试点"村庄。同年 11 月，黄桥村举行了首期居民集中居住点奠基仪式，标志着黄桥村农村宅基地改革和上海市乡村振兴示范村"双试点"建设项目正式启动。

此外，为了更好地保障村民的居住条件，结合农村宅基地改革减量方案，通过设计形成了"北林、中田、南园"的村庄规划，每户人家还配有一个"小菜园"，满足了村民蔬菜的自给自足。

如今黄桥村正发生着翻天覆地的变化，产业兴旺、生态宜居、乡风文明、治理有效、生活富裕逐渐变为现实。

人物故事：孙学文、陈继明、干益光

故事一　乡贤人士之老书记——孙学文

他，思想进步，工作勤恳；他，是黄桥村（原五四大队）党支部书记，也是黄桥村人人都知晓的老书记。

孙学文，祖籍黄桥村陆庄，生于1931年12月14日，2012年3月14日病故，享年82岁。

他出身于长工家庭。其父亲孙仙达是泖港解放后第一批发展的三位党员之一，是五四农业生产合作社的创办人。孙老书记曾担任过泖港信用合作社信贷联络员，在加入中国共产党后，又担任过五四高级农业生产合作社党支部书记、泖港人民公社五四大队党支部书记、泖港农机厂党支部书记。后来，成为了中共泖港公社第三届、第四届、第五届党委委员，泖港人民公社管理委员会副主任。

孙老书记在合作化时期就能以身作则，接受新生事物，积极支持大队管理委员会工作。在双季稻试种中取得成功，后又引进棉花、西瓜种植，后来棉花在全大队全面种植，得到广泛推广。

黄桥村的前身五四大队区域面积大，东起向阳河，西靠黄桥港，南至中心河，北枕黄浦江，耕地面积约5400亩，17个生产队拥有3800多人口。为了便于管理，方便人民生产和生活，孙学文提出党支部、管理委员会两套班子成员除了做好各自分工负责的工作外，平时分区域负责对生产队的检查指导工作，将大片面积划分成若干个小部分，与现在实行的网格管理模式有着异曲同工之妙，该举措取得了非常良好的效果。同时，在孙学文老书记的带领下，大队两套班子帮助生产队组织社员学习、宣传、贯彻执行党的路线、方针和政策，完成大队部署和布置的中心工作任务，帮助生产队搞好生产经营管理，调解民事纠纷，维护社会治安，为当时老百姓的生活提供了保障。

文化大革命时期，孙学文同志坚持"抓革命、促生产"，带领全体党员干部和群众大搞农田水利基本建设。经过几个冬春的不懈努力，使全大队的河道、灌溉渠道、排水沟渠和田块格子化建设初具规模，形成了现在整齐划一的雏形，为农业的发展提供了设施保障。1975年至1976年冬春，组织全大队劳力在陆家村、西范浜北面的黄浦江滩涂和陆家村、王家库西面黄桥港滩涂进行围垦，既加固了黄浦江、黄桥港的防汛堤岸，滩涂围垦成塘约100亩水面养鱼，又增加了集体经济收入。

1966年，大队在陆家村西面黄桥港边上建砖窑二孔，烧出来的砖瓦既解决了全大队社员建房、修房所需的建筑材料，又增加了大队经济收入。

孙学文同志生前工作认真负责，坚持原则，团结同志，密切联系群众，发扬了党的优良传统和一个共产党员的先锋模范作用，体现出了一名党员应具有的艰苦奋斗精神。他图创新、谋发展，为社会主义事业贡献出了自己的一生！

打着队旗访云间

学生读后感

  文章的主人公是一位既平凡又不凡的老人。这位可敬的长者与你我一样，出生于一个普通的小家庭，但是不一样的是他那认真负责、坚持原则的品质。他便是"乡贤人士之老书记"——孙学文。

  文章中令我印象最为深刻的便是孙学文老先生生前做的一件事。文化大革命期间，社会动荡不安，在那特殊时期，孙学文同志坚持"抓革命、促生产"，带领党员干部与人民群众做农田水利建设。经过几年的努力，河道、灌溉渠道、排水沟渠等形成了整齐划一的雏形。

  我认为，生活中我们都应该像孙老先生一样认真负责、坚持原则。今后，我会仔细完成课内外作业，不再拖拉；今后，我要认真练琴，不再浮躁；今后我得用心学习，不再敷衍；今后我要改得地方可真多！但是我敢肯定，只要把错误改正，我一定会变得更好！

  只要我们能像孙学文老先生一样认真负责、坚持原则，就没有我们越不过的高山，没有我们解决不了的问题！

——上海市松江区九亭第三小学五（1）手拉手中队　尤芊懿

（本故事参考："黄桥村"基地资料）

基地八　黄桥村

故事二　最美乡村振兴带头人
——记黄桥村党总支书记陈继明的故事

他是我们身边的榜样，是群众心中的明灯，他用朴素而真挚的行动诠释着大爱松江，用执着和坚守不断助力松江创建全国文明城区。他甘做乡村振兴路上的基石，运用自身的耐心和智慧，认真做好基础管理、协调工作。他是最美乡村振兴带头人！

他的名字叫陈继明，中共党员，泖港镇黄桥村党总支书记。位于泖港镇西面的黄桥村，如今是远近闻名的"明星村"。十多年来，陈书记兢兢业业悉心操持村务，从原本老破旧的传统农村到现在市级宅基地改革和乡村振兴示范"双试点"村，陈书记带领村民艰苦创业，改善了村庄面貌，让村民们过上了好日子。

黄桥村是全市唯一的乡村振兴和宅基地改革"双试点"村，村党总支始终坚持以办实事解难题赢得老百姓的好口碑。"双试点"工作刚推进时千头万绪，没有"前车之鉴"，有的村民不理解，有的采取观望态度，对参与集中归并居住支持率也不高。有村民说："我们家房子现在挺好的，为什么要拆了集中居住？"为了能让工作顺利推进，也为了让农户得到更多的实惠，陈继明带领村干部晓之以理、动之以情做思想工作，深入各村民小组，召开动员会30余次，加班加点早已成为了家常便饭。对群众普遍关心的农民相对集中居住相关问题，村党总支做到及时了解、及时引导、及时化解，通过网格党支部"穿线"，奋力让党旗在网格中飘扬，党员干部带头拉家常、忆往事、谈政策，引导村民们共

打着队旗访云间

同回顾在党的领导下黄桥村近年来的发展变化,凝聚民心、激发民力,进一步焕发老百姓理解、支持、参与黄桥"双试点"工作的主动性,最终形成了同心协力促发展的整体合力和强大凝聚力。

在2021年2月28日黄桥村网格党建活动中,陈继明书记谈到,农民集中居住项目的加快推进,提升了村民们的获得感、幸福感、满意度,"双试点"来之不易,我们要倍加珍惜,继续"撸起袖子加油干"。

如今的黄桥村,我们能看到的是粉墙黛瓦、古色古香的新民居,是小桥流水、绿树掩映的小景观带,到处是"稻花香里说丰年"的田园风光。搬进新房的村民说:"新房子明亮宽敞,和原先我住的村里老宅相比,面积大了不少。房屋外貌既有粉墙黛瓦、观音耳等设计,保留了乡土特色,又铺设了全新的水电煤管网,让我们既能享受现代化的生活配套,又照样能享受田园风光,真是满意、称心!"

黄桥村在家庭农场、现代农业创新、乡村振兴方面的工作已连续多年取得优秀成绩,这些都离不开陈继明书记的努力和付出。陈继明书记在平凡的岗位上干出了火热的事业,积极为村民打造"稻花香里说丰年"田园式生活,他是我们学习的榜样!

学生读后感

了解了陈继明书记的事迹,我感受颇深。

陈继明书记是带领黄桥村走向最美乡村的领头人。他兢兢业业悉心操持村务,带领村民艰苦创业。他在工作中具有清晰的思路、整齐的规划,为黄桥村的建设带来了极大贡献。在他的带领下,黄桥村的环境得到了改善，村民们的生活更丰富了，村里积极开创各类活动。他还解决了全村百姓"出行难"的根本问题，使得农村的面貌焕然一新。美好的成果，离不开优秀党员干部的领导。我相信，在陈继明书记的带领下，未来的黄桥村会再创辉煌！

我们应该学习陈继明书记一丝不苟的认真态度、坚持不懈的精神。无论是对待学习，还是对待生活，我们都要积极进取！

——上海市松江区泖港学校九（2）乐学中队 徐韵雯

（本故事参考："黄桥村"基地资料）

故事三 爱心雅集 慈善无疆
——记热心公益事业的干益光

她热心公益，有着一颗纯朴、善良、感恩之心，她曾是"点赞松江人"的榜单人物。她就是干益光。

干益光，1951年1月生，是黄桥村116号村民，现任于1999年9月创建的上海瀚洋清洁用品有限公司和上海瀚洋保洁服务有限公司董事长、总经理，松江区私营企业协会副会长等职务。

她不仅热心公益、还具有博爱精神，获得了社会的肯定。个人曾获得全国"双学双比"（奖）女能手、上海市"三八"红旗手、松江区2018年度"我推荐、我评议身边的好人"——7月"点赞松江人"榜单人物、"泖港榜样"，创办的企业获得了"上海市先进私营企业""服

务世博、奉献世博优秀集体"，以及获得松江区红十字会颁发的"人道救助、爱心关怀"等荣誉称号。

出生于农村的干益光淳朴、善良。年近古稀的她把互帮互助和助人为乐的优良风尚进一步发扬光大，她对社会慈善事业捐衣捐款，慷慨解囊。二十多年来她一直在为社会做好事、善事。2003年，上海市妇联沪港慈善基金会开展"关爱一名重症母亲"活动，她当场捐赠5000元。她花费几万元向泖港敬老院、五库敬老院捐赠彩色电视机9台。每到重阳节，她还会为敬老院的老人送去慰问品。2008年5月12日四川汶川大地震，除了在区妇联、区工会发起捐款中各捐款2000元之外，还在黄桥村委发起的捐款活动中又捐赠1000元。2006年她与松江二中一位叫陆燕鑫的同学结成帮困对子，每年资助他1000元学杂费用，帮助他顺利完成高中学业，在他读大学期间，继续每年资助学习费用。2009年，她又与原在松江二中读高中、父母生病导致家庭困难的安徽省芜湖市南陵县人任海燕同学签订结对合同，合同期4年，每年资助费用10000元，直至大学毕业。期间，该同学的父母亲因心脏病、脑梗手术，她又捐助3万元。2017年9月，她在中共泖港镇委员会、泖港镇人民政府开展"泖港镇首届慈善公益联合募捐活动"中，捐赠人民币30000元。同年"三八妇女节"，她又向贫困户捐款物5000余元。

近年来，干益光还担任泖港镇老年协会副会长。尽管公司业务繁忙，但她还是积极参与老年人志愿者队伍，为泖港镇老年人协会工作日夜奔忙，为村村创建"睦邻点"献计献策，并取得良好效果。

干益光人老心不老，觉得为社会做点好事，活得更有意义，她表示，自己将在老年志愿者岗位上继续奉献。

学生读后感

干益光热心公益事业的故事，深深地诠释了"爱心雅集，慈善无疆"这八个字。一笔笔的捐款的汇进，让身处困难的人解了燃眉之急；一次次的资助触动了莘莘学子对读书的热情；心怀善心的捐助激发了病人生的希望，给他们带来与病魔战斗到底的决心。

干益光的善心与博爱，难以用简短的文字写尽，但是，她热心公益的精神是值得我们学习的。

——上海市松江区泖港学校九（1）旭日中队　沈欣跃

（本故事参考：黄桥村基地资料）

小·知识测一测

1. 黄桥村属于松江区哪个镇？（　　）

　A. 石湖荡镇

　B. 泖港镇

　C. 叶榭镇

　D. 新浜镇

2. 2017年黄桥村荣获了什么称号？（　　）

　A. 第五届全国文明村

　B. 浦江第一村

　C. 第五届松江最美村

　D. "双试点"村庄

3. 推进"双试点"村改革的书记是哪位？（　　）

　A. 孙学文

　B. 孙仙达

　C. 陈继明

4.（多项选择题）文化大革命期间，孙学文同志坚持"抓革命、促生产"，带领党员干部与人民群众做了什么事？（　　）

　A. 农田水利建设

　B. 加固了黄浦江、黄桥港的防汛堤岸

　C. 滩涂围垦成塘约100亩水面养鱼

D. 建砖窑二孔

5. 孙学文创办了（　　），热心于公益事业的人是（　　），提升了村民幸福感，让村民搬进新房子的人是（　　）。

A. 干益光

B. 五四农业生产合作社

C. 陈继明

6. 选择一位你最敬仰、崇拜的人物，谈谈你的读后感受。

_____

参考答案

1. B　2. A　3. C　4. ABCD　5. BAC　6. 略

打着队旗访云间

实践活动方案

活动方案一　红领巾走进新农村
——小队寻访活动

一、活动目的

通过走访创新实践基地展示馆,让队员们了解上海党建引领下农村集体经济发展的整体情况及乡村振兴的历史变化,体会现代化美丽乡村的建设成果;体验包粽子、包汤圆等活动,切实感受收获劳动果实的快乐;培养他们热爱生活、热爱家乡的品质,激发爱国情怀。

二、活动地点

松江区泖港镇黄桥村新时代上海党建引领农村集体经济发展创新实践基地展示馆、黄桥村史馆、农产品体验馆。

三、活动对象

××小队队员、中队辅导员或校外辅导员

四、活动准备

项目	具体内容
人员要求	（1）队长1名；旗手1名；摄影2名，队员若干名 （2）校外辅导员若干名
物品准备	（1）小队旗1面 （2）任务卡（见"活动资源链接"） （3）平板电脑、照相机 （4）记录本、笔
活动准备	（1）规划路线及时间：队员和校外辅导员一同规划考察路线及展馆开放的时间，并与基地及时协调联系，通报参加人数及活动流程，取得基地方的支持。 （2）分组领任务卡：队员分为两个小组，选出组长，并领取各自小组负责的展馆任务卡。

五、活动过程

活动一："领巾"乐参观

队员们依次参观新时代上海党建引领农村集体经济发展创新实践基地展示馆和黄桥村史馆。在参观的过程中，两个小组分别根据任务卡（见"活动资源链接"）上的问题进行记录与学习。

（1）听一听：队员们听解说员讲述两个展示馆相关内容，了解黄桥村的发展历史、"双试点"工作的举措有哪些。

（2）看一看：结合图文、实物、电子地图、多媒体互动屏、L型折幕投影灯等多样化展现方式，了解上海党建引领农村集体经济发展的整体情况、典型案例及成效经验。

（3）记一记：根据任务卡（见"活动资源链接"）上的问题，及时记录。

"红领巾走进新农村"小队寻访活动之参观新时代上海党建引领农村集体经济发展创新实践基地展示馆

活动二："领巾"爱制作

队员们到农产品体验馆，就地取材，现场制作美食，如：包汤圆、包粽子。

（1）学一学：队员们跟随工作人员学习包粽子的相关步骤。

（2）做一做：组长负责分配食材给每个队员，两人合作，共同完成包粽子。

（3）晒一晒：小队成员和自己的劳动成果一起拍照留念，并通过红领巾角、微信公众号等宣传阵地进行展示宣传。

活动三："领巾"畅分享

小队成员齐聚黄桥村农产品体验馆二楼，一起来说一说这次活动的感受与收获，向同伴分享自己的心得体会。

（1）谈一谈：根据卡片上的问题，谈一谈自己记录下来的主要内容。

（2）议一议：队员们根据所见所闻，思考黄桥村发生了什么变化，为什么有这样的变化。

（3）享一享：每名队员分享一下参观下来的感受。

六、活动延伸

1. 画一份导览图

请小队成员一起整理一份参观展览馆的导览图，并配上简短的介绍交给大队辅导员，便于分享给后续要去参观的队员们使用。

2. 撰写小队活动记录

小队考察活动是少先队员实践过程的一部分，队员可以在回家后查找资料，了解更多有关黄桥村的相关内容，整理文字和照片，做成精美的活动展板，号召校内队员们积极参观打卡黄桥村。

活动资源链接

任务卡（1）

场馆	问题	记录
新时代上海党建引领农村集体经济发展创新实践基地展示馆	（1）新时代上海党建引领农村集体经济发展创新实践基地展示馆有几个篇章，分别是什么？	
	（2）请找到每个篇章内有关"松江样本"的例子，并记录下来。	
	（3）参观完你有什么感受吗？请写下来和小伙伴们分享一下。	

任务卡（2）

场馆	问题	记录
黄桥村史馆	（1）黄桥村史馆有几个篇章，分别是什么？	
	（2）"双试点"工作的举措有哪些？请举出一个例子。	
	（3）黄桥村在生产、生活中的变化有哪些？	
	（4）参观完你有什么感受吗？请写下来和小伙伴们分享一下。	

活动方案二 红领巾约会春天 草莓采摘乐趣多
——小队寻访活动

一、活动目的

了解草莓的生长习性、草莓采摘的注意事项及草莓采摘的技巧等，培养队员的探究精神。通过"摘草莓""拼草莓""送草莓""品草莓""享草莓"活动，使队员们树立"劳动最美丽、劳动最伟大"的观念。

二、活动地点

松江区泖港镇黄桥村草莓采摘基地

三、活动对象

××小队队员、中队辅导员或校外辅导员

四、活动准备

项目	具体内容
人员要求	（1）小队旗手1名 （2）拍照2人 （3）家长志愿者若干名 （4）队员和家长志愿者：一同规划考察路线
其他准备	（1）与基地及时协调联系，通报参加人数及活动流程，取得基地方的支持 （2）活动前期，参与的队员通过网络查阅资料，了解草莓的生长习性，草莓采摘的注意事项及草莓采摘的技巧等

五、活动过程

1. 访草莓

小队成员代表采访黄桥村草莓基地的负责人，向负责人了解草莓种植注意事项及草莓采摘注意事项。

2. 摘草莓

小队成员在黄桥村草莓采摘基地指定大棚里采摘草莓，体验亲手采草莓的乐趣。采摘期间，提醒队员们注意草莓采摘的注意事项并普及草莓采摘的技巧。采摘结束后，一同前往黄桥村农产品体验馆二楼集合。

3. 拼草莓

队员们两人一组开始用采摘来的草莓进行草莓创意拼盘，可以用到水果刀、牙签等工具，比如可以拼出五角星、队徽、火炬、党徽等各种造型。

4. 送草莓

队员们选择创意好、漂亮又有意义的草莓拼盘送给黄桥村幸福老人村的独居老人，让他们感受温情，感受来自队员们的爱心。

5. 品草莓

队员们与幸福老人村的独居老人们一同分享草莓，尝一尝草莓的味道，享受自己采摘的成果。

6. 享草莓

小队成员齐聚黄桥村农产品体验馆二楼，一起来说一说这次活动的感受与收获，向同伴分享自己的心得体会。

六、活动延伸

1. 绘制草莓生长的自然笔记

根据活动前期查阅资料了解到的、活动中所听闻的及体验到的有关草莓的相关知识，绘制草莓生长的自然笔记。

2. 草莓采摘技巧小讲堂

请小队成员一起整理一份草莓采摘技巧小指南，利用校园红领巾电视台、校园红领巾广播等平台开展"草莓采摘技巧小讲堂"，将此次活动的心得分享给全校的小伙伴们。

3. 撰写小队活动记录

小队考察活动是少先队员实践过程的一部分，队员可以在回家后查找资料，搜索草莓种植、生长、施肥、采摘等相关资料，整理文字和照片，做成精美的活动笔记，向更多的队员们介绍草莓的相关知识。

活动方案三　丰收的金秋　劳动最光荣
——二年级中队主题活动

一、活动目的

通过了解及探究祖国各地秋收的特色，感受祖国的壮美丰收图景，培养队员热爱祖国、热爱土地的朴素情感。

通过聆听小小巡讲员讲述袁隆平爷爷的故事，深刻学习他身为先锋的榜

样力量；鼓励队员从小学先锋，长大做先锋。联系队员自身的实际劳动经历，分享劳动后的喜悦。引导队员做从小爱劳动、会劳动、勤劳动的好少年。

二、活动地点

中队教室

三、活动对象

二年级队员、中队辅导员

四、活动准备

项目	具体内容
人员要求	（1）主持人2名 （2）旗手1名；护旗手2名 （3）分享英雄人物事迹2名 （4）分享感言的队员若干名 （5）参加活动队员：查找和了解袁隆平爷爷的故事
物品准备	（1）中队旗1面、旗架1个 （2）争章任务卡 （3）音乐：《出旗曲》《退旗曲》《生长吧》《我们是共产主义接班人》《庆丰收》

五、活动过程（主持稿见"活动资源链接"）

1. 宣布开始；

2. 出旗（奏《出旗曲》，全体队员敬礼）；

3. 唱队歌（《我们是共产主义接班人》）；

4. 视频引入，感受好风光（播放祖国丰收的视频，感受金秋时节的祖国风光；各小队交流分享观后感，深入了解祖国，感受农业强国的魅力）；

5. 心有榜样，成长添力量（各小队汇报"杂交水稻之父"袁隆平的事迹；小小巡讲员讲述袁隆平爷爷的故事；袁爷爷我想对您说）；

6. 强国有我，少年在行动（第一小队：快板唱翻土；第二小队：话剧讲播种；第三小队：图画绘劳作；第四小队：故事说辛劳；第五小队：歌舞庆丰收）；

7. 中队辅导员讲话；

8. 呼号；

9. 退旗；

10. 宣布结束。

六、活动延伸

1. 小队"行走课程"

以小队形式开展松江布馆的"行走课程"，拓展少先队社会化工作渠道，充分利用社会广阔资源赋能少先队活动。借助松江布馆"衣被天下"的非遗传承项目，助力打造队员们的"15分钟社区少先队幸福圈"。

2. 中队"亲子课堂"

以中队为单位开展魅力亲子课堂，充分挖掘一批有情怀、有热情的家长群体，家校携手共同打造少先队的沉浸式"课堂"，共育云间新时代好少年。

3. 大队"实践体验"

学校大队部组织各类劳动相关的后续体验活动，如：纺纱、经布、织布等活动体验及观摩，并广泛邀请队员们自己来担任小小讲解员、小小劳动代言人等。

活动资源链接

丰收的金秋　劳动最光荣

——寻访黄桥村二年级中队主题活动主持稿

甲：亲爱的小伙伴们，

乙：尊敬的辅导员们，

合：大家下午好！

甲：金秋十月，丰收的号角已经吹响。

乙：大江南北，五颜六色、五彩缤纷，这是秋天最动人的色彩。

甲：下面我宣布"丰收在金秋　劳动促成长"——寻访黄桥村二年级中队主题活动——

齐：正式开始！

★ 出中国少年先锋队队旗

乙：全体立正！出中国少年先锋队队旗，敬礼。（《出旗曲》）礼毕！

★ 奏唱中国少年先锋队队歌

甲：奏唱中国少年先锋队队歌。（音乐《我们是共产主义接班人》完整两段）

★ 视频引入，感受好风光

乙：伙伴们，活动的一开始，先让我们通过一部短片，来欣赏秋收时候的祖国大地。

（视频观摩）

乙：丰收的金秋，祖国大地一派壮观的丰收美景。下面请我们各小队分享一下观后感。

（分享观后感）

甲：丰收在农民伯伯们辛勤劳动的汗水之中，在全国人民共同勾勒出的这幅惊艳的图景之中。

乙：丰收的色彩是对每一位辛劳者的礼赞，丰收的笑脸是对每一滴汗水的回报！

★ 心有榜样，成长添力量

甲：在秋收的田野上，时常会被我们提起的，有那么一个人。

乙：他是"共和国勋章"获得者，是"杂交水稻之父"，他就是袁隆平爷爷！

甲：下面让我们跟随小小巡讲员一起走进袁隆平爷爷的故事。

乙：伙伴们，听了袁隆平爷爷的故事，你想对袁爷爷说些什么呢？

（队员交流）

★ 强国有我，少年在行动

乙：如今的我们，已不再生活在那个吃不饱饭的年代了，这都是袁隆平爷爷以及其他的科学家们的功劳。

甲：习近平爷爷曾对我们说："你们从小就要树立劳动光荣的观念，自己的事自己做，他人的事帮着做，公益的事争着做，通过劳动播种希望、收获果实，也通过劳动磨炼意志、锻炼自己！"

乙：今年丰收季，我们的队员有幸走出校园，走进田间，走进黄桥村，了解了松江米的历史，也体验了田间劳动。

甲：下面请各小队汇报劳动成果及感想。

第一小队：快板唱翻土

台词：

迎风雪，踏寒霜，云间少年斗志昂；

学常规，爱劳动，云间少年在成长。

我们九人走上台，手中竹板敲得响！

为啥响，我们有话要对大伙儿讲。

云间小学我的家，劳动成果靠大家。

劳动基地是块宝，种啥好？

我们一起种棉花！

家长朋友开帮忙，先来把土翻一翻，

左一铲，右一铲，汗流浃背把土松，

铁锹挖出一道沟，防止雨水把苗淹，

除除草，捡捡石，清清水，施施肥，平整基地我行动。

云间少年斗志昂，艰苦奋斗勇实践。

春种一粒粟，秋收万朵棉，

幸福的生活靠大家！

我们一起来行动！来行动！

第二小队：话剧讲播种

情景剧——播种

（演员安排：旁白1位、队员4位、小棉花种子3位，老师1位）

旁白：周末的早晨，天气晴朗，今天洋洋（队员1）早早起床出门啦，他要干嘛去呢？看，他和小伙伴来到棉花基地啦！

老师：谷雨前，好种棉，孩子们，今天一起种棉花。

队员2：怎么种棉花呢？

老师：看，这就是我们今天的秘密武器——棉花种子。

队员3：（举着手）老师，老师，我会种！（说着把种子扔进土里踩一踩）

种子1：啊啊啊啊，好疼呀！

种子2：我不会也被这样扔进土里吧？

种子3：太可怕了，我还想结出雪白的棉花呢，呜呜！

队员4：（捡起种子1吹一吹）我觉得这样种不出小棉花。

老师：真不错，给你点赞！

（手势舞）种植棉花学问多，不能自己瞎着急，工具选择要得当，挖个小坑做房子，3、4种子是一间，互帮互助共成长。盖房封顶不能忘，方法得当有收获，有收获。

（背景音乐起，全员排队一起做）

旁白：云间师生热火朝天地种起了棉花，汗水顺着脸颊流下，滋润着脚下的土地。看，他们伴着夕阳走在回家的路上。

队员4：（伸了个懒腰）真的是累得我腰酸背疼腿抽筋！

队员2：累也是快乐的，劳动最光荣。

队员3：期待种子破土发芽，我们的小棉花快快长大。

老师：春种秋收，付出一定会有回报的。

旁白：在云间师生日复一日的呵护下，小棉花即将破土而出。

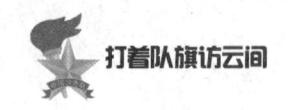

第三小队：图画绘劳作（自主创编）

第四小队：故事说辛劳

情景剧——定苗

（演员安排：旁白1位、队员3位、小棉花4位，老师1位）

【幕启，音乐起，小棉花们舞蹈展现快乐生长】

（棉花姑娘们舞蹈）

【音乐中，老师和劳动者们上场】

旁白：美好的清晨，队员们相约又来到了劳动小基地。看看小分队的队员们亲手种植的棉花。

队员1：小伙伴们，让我们赶快到棉花地里瞧一瞧。

旁白：悉心呵护的棉花长势喜人！

【音乐中，小棉花们努力表现】

队员2：咦，小棉花们好像又长高了。

队员3：它们高低各不相同，好像和我们一样，正在比赛长高似的。

队员1：快看！小棉花似乎不开心。

队员合：怎么回事呀？

棉花1：哎呀哎呀～好挤呀！我都伸展不开了。

棉花2：啊哟～我被挤得好痛呀！

棉花3：我想努力生长，但是你总压着我呀！

棉花4：我也不想啊！真的好挤呀！

棉花合：快来帮帮我们呀！

队员合：我们能做什么呢？

老师：随着棉花不断地生长，植株会越长越大，原先的空间已经很难满足它们的生长需要了。

队员1：哦，我知道了，给小棉花充足的成长空间；

队员2：帮助他们固定生长的位置。

老师：没错！这就是我们说的——定苗！

队员3：那还等什么！开始行动吧！

老师：老师先来打个样儿！

【配乐，配合动作，挪动小棉花】

队员1：我也来！

【配乐，配合动作，挪动小棉花】

队员2、3：我也来！

【配乐，配合动作，挪动小棉花】

队员合：哈哈！终于完成咯！

老师：看！棉花姑娘们在冲我们微笑。

【配乐，小棉花简单舞动】

旁白：校园西侧的责任田，在蓝天下郁郁葱葱，小棉花从此快乐地和云间学子们一起茁壮成长！

第五小队：歌舞庆丰收（自主编排）

★ 中队辅导员讲话

乙：一粥一饭，当思来之不易；半丝半缕，恒念物力维艰。

甲：俭，德之共也；奢，恶之大也。下面请中队辅导员讲话。

乙：希望云间学子通过丰富多彩的劳动教育活动，

甲：成为"心中有责任，脚下有力量""怀拳拳之心，骋青云之志"的新时代好少年！

★ 呼号

甲：下面请辅导员××老师带领我们呼号！全体立正！

辅导员：准备着：为共产主义事业而奋斗！（答：时刻准备着！）

★ 退旗

甲：全体立正，退旗！敬礼！（音乐《退旗曲》，全体敬礼）礼毕！

★ 宣布结束

乙：我宣布"丰收在金秋 劳动最光荣"——"寻访黄桥村"二年级中队主题活动，

合：到此结束！

活动方案四 走进希望的田野
——四年级中队主题活动

一、活动目的

走进农耕课堂，了解农业知识，引导队员感受耕作的辛苦、粮食的珍贵。通过体验水稻收割、食品制作活动，培养队员从小爱劳动、会劳动的好习惯。通过"节约粮食我代言"主题演讲，号召队员践行节粮爱粮行动。

二、活动地点

松江区泖港镇黄桥村

三、活动对象

四年级队员、中队辅导员、校外辅导员若干名

四、活动准备

项目	具体内容
人员要求	（1）中队辅导员与校外辅导员若干名 （2）小队长若干名 （3）摄影师 2 名 （4）信息员 1 名 （5）邀请全国劳模李春风
物品准备	（1）中队旗（按中队数） （2）辅导员、队员每人 1 件志愿者马甲 （3）若干割稻、割草工具 （4）舞台背景布置 **走进希望的田野** ——××学校四年级中队主题活动 ×× 年 × 月 × 日

五、活动过程

1. 走进农耕课堂

中队全体队员一起走进黄桥村农耕课堂，听全国劳模李春风讲水稻种植的过程及注意事项，让队员们初步了解水稻的相关知识。

2. 体验农耕活动

队员跟着农民伯伯一起走进田间，学割稻、割草，看看谁割得好，割得多；再跟农民伯伯学习搓草绳，看谁搓得好，了解草绳的用途。

3. 参观大米加工厂

全体队员一起走进黄桥村大米加工厂，了解一颗稻谷经历了哪些过程才能变成一粒大米，做好笔记。

4. 制作米汤和米糕

中队全体队员一起走进农产品体验馆，在体验馆二楼的活动区分小队开展煮米汤、做米糕、做汤圆、包粽子等活动。队员们一起品尝米汤、米糕、汤圆等食物，互相分享劳动果实，感受劳动的喜悦。

5. 节约粮食我代言

全体队员齐聚农产品体验馆活动区，由队员代表开展"节约粮食　争做光盘小达人"主题演讲，倡导队员们节约粮食，人人争做"光盘"小达人。

走进农耕课堂

六、活动延伸

1. 记录"农耕体验活动"

请队员们以照片、视频及文字的形式记录好农耕课堂及体验的全过程，撰写活动感悟，深化劳动教育的意义。

2. 评选"光盘小达人"

根据队员每天中午就餐情况，中队每月评选"光盘小达人"，利用中队会进行表彰，激励更多的队员加入节约粮食行动。

队员参加农耕活动

3. "爱粮节粮"行动倡议

请中队派一名代表在校园电视台或者校园红领巾广播里，向全校队员发出"爱惜粮食　节约粮食"的行动倡议，号召全校队员人人争做光盘小达人。

基地九 长三角 G60 科创走廊规划展示馆

基地九　长三角 G60 科创走廊规划展示馆

基地简介

长三角 G60 科创走廊规划展示馆坐落于临港松江科技城 G60 科创云廊，充满了科技感、时代感和创新性。从设计、施工、布展仅用 1 个月时间，生动诠释了 G60 速度、G60 质量。整个展馆也展示了 G60 科创走廊服务长三角一体化发展国家战略，特别是纳入《长江三角洲区域一体化发展规划纲要》以来，聚焦"科创+产业"战略定位，勇当科技和产业创新开路先锋，科创驱动先进制造业产业集群高质量一体化发展的成效。

整个展馆共分为序厅、发展历程、科技创新、党建引领四个展厅，集中展示了具有国际领先水平的成果和产品以及党建引领产业发展、率先实现"一网通办"等制度创新成果。

展厅通过 LED 宣传片、大屏幕、展板形式，详细展示了 G60 科创走廊的建设背景、从 1.0 版升级为 3.0 版的发展历程、G60 科创走廊的总体规划定位及发展目标。

展厅通过实物的形式，直观展示了九城市的人工智能、高端装备、集成电路、新材料、新能源汽车、生物医药等战略性新兴产业的发展现状和产业集群的一体化布局。

展厅详细介绍了实体化运作 G60 科创走廊联席办、九城市交互投资、建立常态化要素对接机制、联合组团参与进博会、大型科学仪器共享、科技成果拍卖等制度创新情况，展示了 G60 科创走廊坚持"科技创新""制度创新"的双轮驱动成效。

人物故事：刘云峰、王少白

故事一　临危受托，不负使命——刘云峰

松江是长三角 G60 科创走廊建设的起源地，以"一廊一核多城"规划为布局，而临港松江科技城则是一廊九区的领航者，以产业园区发展为主导，带动区域经济。沧海横流，方显英雄本色。2020 年新冠肺炎疫情期间在临港松江科技城有这样一个感人故事。

"喂，刘总。你们能生产额温枪吗？"2020 年 2 月 10 日，云瀚新城党支部书记刘云峰接到临港松江科技城公司副总经理杜玉梅的电话。特殊时期，随着各家企业逐渐复工复产，上海对额温枪的需求量不断增大，急需本地企业研发生产。市防疫领导小组在全市寻找研发生产企业，最终通过市经信委找到临港松江科技城。接到电话，刘云峰一愣，作为电子产业的供应链服务平台，云瀚新城从未独立做过产品，而且 2 月 10 日企业刚刚复工，大部分员工还处于隔离期，只能远程办公。"哎……现在几乎所有企业都是这个情况，不难，也不会找到你们呀。"杜玉梅的语气有些急切，她知道虽然云瀚新城平时主要为其他企业提供服务，但研发生产优势也是很明显的。他们拥有技术团队，可以提供产品方案咨询，拥有电子元器件采购平台，也拥有工厂可供客户小批量的打样研发需求。"防疫特殊时期，这事……可能只有你们能做成。"

基地九　长三角G60科创走廊规划展示馆

作为党员，不仅要有集体荣誉感，更要具备高度责任感。临危受命，刘云峰很快答应了下来，"嗯！我们一定会全力以赴，争取十天内完成样品。"2月11日上午，云瀚新城正式接到上海市经信委关于开发研制一款用于疫情防控的手持体温测试仪的委托。从做平台转行做产品，此时公司研发团队已经热火朝天地干起来了。两个项目组同时开工，一个采用进口器件方案，一个采用国产器件方案，加起来有约二十人。软件、电子键、结构件、采购四个微信群同时开聊。凌晨五点还在群里分享文档，大家集体远程办公，白天黑夜都在打电话。前两天通宵奋斗之后，几乎每天奋战十八个小时。为了完成原理图的绘制，项目核心成员最长三十六个小时没有合眼了。"这是我做过最特别的项目，完全不用我们去跟进度。恰恰相反，是研发团队在不断地向公司提需求。大家心往一处想，劲儿往一处使，每个人都在与时间赛跑，争分夺秒地想把产品尽快做出来。"刘云峰这样说道。产品技术选型、物料采购、结果组件、软件设计、生产组装、调节测试，一系列复杂的供应链生产流程，原本可能需要几个月，如今不到十天就完成了。每个人的眼睛都熬得通红。2月17日，云瀚额温枪的首批样品顺利下线了。云瀚团队日夜奋战的同时，也有更多人积极参与到生产工作中来。电子零部件、3D打印外壳、检测校准、物流运输——额温枪的研发生产需要多个环节。不少企业闻讯后纷纷加盟。2月21日，一份来自上海仪器仪表自控系统检测测试所的专家报告，它是这样显示的：额温枪测温性能结果符合国家标准。这让云瀚新城开发团队爆发出阵阵欢呼，连日奋战的辛劳顿时烟消云散。这意味着他们紧急研发的用于疫情防控的手持体温测试仪已经通过国家标准的测试、性能测试，具备了量产的条件。而此时，距离他们正式接到上海市经信委的委托仅仅过去十天。这就是松江

制造的速度。

　　企业党组织同样也是企业先进力量的示范团体，他们在特殊时期总能发挥党员的先锋模范作用。创新求实、为实为干、拼搏奋进，这是值得所有人学习的。

学生读后感

　　一支小小的额温枪带给我太多的思考。在2020年的新冠肺炎疫情期间，云瀚新城公司克服种种困难，全员加班加点，仅用十天就保质保量地完成了额温枪的研发任务。这种无私的奉献精神值得我们学习。

　　人类从远古社会一路走来，每一项科技的进步无不彰显巨大的力量。崇尚科学是一个强大国家、优秀民族最基本的准则，缺失了科学精神的民族，也终将退化为没有尊严的民族。

　　我们要从小树立热爱科学、实事求是、勇于实践的意识，用科学、用思考、用探索战胜愚昧。只争朝夕，不负韶华。我们更要抓紧当下的每一秒钟去拼命学习，努力奋斗，在艰苦环境中淬炼精神、砥砺意志，不断成长，磨炼让青春底色更加绚烂多彩。

——上海市三新学校八（5）仁和念远中队　徐明扬

　　（本故事参考：新民晚报，《10天赶出"上海造"额温枪，背后的故事真"扎劲"！》，https://xw.qq.com/cmsid/20200227A0HR0900）

故事二　从"顶级学霸"到最年轻获奖者——王少白

在长三角 G60 科创走廊里有这样一位人才，他是生物医学工程专家，是 2019 年度上海科技奖最年轻的获奖者，他的名字叫王少白。他曾经放弃在哈佛大学任教的机会，回国创业，在医疗设备、智能化数字化国际设备引领方面做出了很大的贡献。

王少白，出生于 1985 年，上海人，高考时以专业第一名的成绩考入上海交通大学。当时他被分数线最高的密歇根学院机械工程及自动化试点班录取，是个名副其实的"学霸"。王少白说，刚到密歇根大学的时候，他们简直傻眼了，因为密歇根对他们的要求跟本土学生是一样的，他们在两年里要学习人家三四年学习的课程。密歇根大学学习的那两年，王少白用一个"苦"字来形容。除了数不清的课程，语言关也必须要过，面对高昂的学费、生活费，他还要勤工俭学。他当时一边面对繁重的学业，一边当助教，一边出去打工卖面包，因为那样可以免费吃面包。优秀是一种习惯。王少白最终以全校第一名的成绩"最高荣誉"毕业。王少白本科毕业后继续在美国读研，后又被麻省理工学院、斯坦福大学、伯克利大学、加州理工大学等多所名校同时录取，他最终选了麻省理工学院。

对于机械工程，他有一种情结。他的父亲是轮机长，负责轮船机械维修，经常带他去船上玩，少年王少白便对之产生了浓厚的兴趣。"机械工程及自动化涵盖面广，涉及计算机、编程、材料、动力学等，现在国内最火的生物医学工程专业，其实就是机械工程及自动化在人体上的

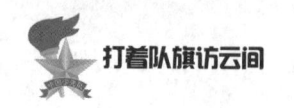

应用，也就是我现在做的工作。"他说，"在麻省理工确定研究方向时，我就在想，与人体相关的科技永远不会落伍。"于是，他开始寻找与医学相关的导师，由于麻省理工没有医学院，王少白便师从哈佛医学院的导师做人体医学研究，用的是全美排名前三的综合性医院——麻省总医院的实验室。就这样，在"一条路上的两端"，汇集了三方最好的资源，五年，学霸终养成。

从麻省理工毕业后，王少白原本已经留在哈佛任教。但是，导师的一番话点醒了他。王少白的美籍华人导师李国安是"生物力学之父"冯元桢的第三代学生。冯元桢对王少白说："你现在在美国，可以成为最大公司的最高级研究员，在哈佛当研究生导师搞学术也没问题，但是你想想，十年后，你还是这样，会有瓶颈。"

2012年，王少白正式回国创业，成立了上海逸动医学科技有限公司。公司坐落于G60科创走廊的核心地段临港松江园区，专业从事手术机器人、高端影像、数字化诊疗设备，体医工结合。3年后，上海体育学院向王少白伸出橄榄枝。年仅30岁的他，成为上海体院最年轻的教授。"体院给了我很好的专业平台，我是搞运动人体科学的，现在已经从医疗往大健康的方向提升，研究包括运动损伤预防在内的'治未病'。"王少白的愿景是：短期内实现医疗设备的国产替代，中长期目标智能化数字化设备国际引领。

基地九　长三角G60科创走廊规划展示馆

学生读后感

"2019年度上海科技奖最年轻的获奖者""高考第一""上海体育学院最年轻的教授"——王少白，可以说是一个传奇。

从他的故事中，我体会到，原来朝着一个目标坚持不懈，一步一个脚印，付出汗水，那么终有收获的时候。不积跬步，无以至千里，不积小流，无以成江海。"学霸"不是天资聪颖的代名词，它是一个奋斗标杆，倾注了满腔的热情和拼搏的汗水。我从小就有一个美好的梦想：长大后当一名老师。为了能够实现这个梦想，我也要向王少白学习，从细小的每一件事情开始，一点点积淀，努力学习，储备足够的知识，争取做一名优秀的知识传播者。

——上海市三新学校六（4）满天星中队　李瀚宸

（本故事参考：新华网，《专啃"硬骨头"的王少白：从'顶级学霸'到最年轻青年获得者》，https://baijiahao.baidu.com/s?id=1691178581069539297&wfr=spider&for=pc）

打着队旗访云间

小知识测一测

1. 在哪一年，上海市松江区提出，沿 G60 高速公路构建产城融合的科创走廊？（　　）

　　A. 2016　　　　　　B. 2017　　　　　　C. 2018

2. 在 G60 时刻体现松江速度，云瀚额温枪首批样品顺利下线日期是几月几日？（　　）

　　A. 2月17日　　　　B. 2月18日　　　　C. 2月19日

3. G60 科创走廊的"顶级学霸"王少白从事什么相关行业？（　　）

　　A. 教育科研　　　　B. 汽车制造　　　　C. 生工医疗

4. G60 科创走廊 2.0 版是松江与以下哪两地签订协议开始的？（　　）

　　A. 杭州　　　　　　B. 湖州　　　　　　C. 嘉兴

5. G60 科创走廊 2.0 版走向 3.0 版，体现怎样的空间布局规划？（　　）

　　A. 一核八城　　　　B. 双核八城　　　　C. 一核九城

6. G60 科创走廊得名于 G60 沪昆高速，其中松江段全长多少公里？（　　）

　　A. 20　　　　　　　B. 30　　　　　　　C. 40

7. 全球最具地标性的科创云廊是？（　　）

　　A. 拉斐尔云廊

　　B. 重庆云廊

　　C. 东海云廊

252

基地九 长三角G60科创走廊规划展示馆

8. G60全称叫：_____

9. 在G60科创走廊，你看到哪些劳动楷模，你有什么收获吗？

_____

参考答案

1. A 2. A 3. C 4. AC 5. C 6. C 7. A 8. G60上海松江科创走廊

9. 略

打着队旗访云间

实践活动方案

活动方案一 科技创造未来 科技点亮生活
——小队寻访活动

一、活动目的

通过小队观察、记录、交流等形式,引导队员们探究 G60 的发展进程,感受城市科技发展带来的美好生活。同时增强少先队集体的团结力、吸引力和凝聚力,激发队员的创新动力,锻炼队员的实践能力,展现新时代少先队员勇于探索、朝气蓬勃、奋发向上的精神面貌。

二、活动地点

长三角 G60 科创走廊规划展示馆

三、活动对象

××小队队员、中队辅导员或校外辅导员

四、活动准备

项目	具体内容
人员要求	（1）参加活动队员：注意交通安全和待人礼仪 （2）参加活动家长：家长志愿者协助队员规划路线，保障队员安全 （3）执旗 1 人 （4）拍照 2 人 （5）队员和家长志愿者：一同规划考察路线，提前咨询灯光秀时间
物品准备	（1）小队旗 （2）笔记本、笔 （3）智能手机

五、活动过程

活动一：小队探究长三角 G60 科创走廊规划展示馆发展史

活动地点：长三角 G60 科创走廊规划展示馆

活动内容：

1. 小队成员在家长陪同下参观长三角 G60 科创走廊规划展示馆，找寻其从 1.0 版本到 3.0 版本的发展进程。

2. 队员记录发展历史，查询哪些企业进驻后，为 G60 科创走廊的发展添砖加瓦。

3. 队员在展示馆内浏览并了解 G60 科创走廊在长三角地区优势，以及未来规划，记录在文本内。

4. 观看展示馆内全息投影仪播放的节目，了解飞屏、折叠屏、全息膜成像等数字化特色展项的科技特色。

打着队旗访云间

活动二：小队走访 G60 科创云廊新科技

活动地点：G60 科创云廊商业区

活动内容：

1. 小队来到 G60 科创云廊商业区，找一找在云廊内已经营业的店铺里，与科技相关的店铺有哪些，分类记录，如家用电器类、汽车类、科技餐厅。

2. 队员分别走进科技类店铺，探究与发现店内科技创新特色。比如：可以走进威马汽车和特斯拉中心，向工作人员了解锂电池发展技术，思考电动汽车对人们出行的便利和低碳环保的意义。

3. 观察在 G60 科创云廊发布的"松江制造优品"，了解匠心独运的科技突破和贴近生活的温馨设计，寻找与自己生活息息相关的科技产品，思考这些科技产品对自己生活产生的影响。

寻访 G60 科创云廊

活动三：小队感受 G60 科创云廊体验馆

活动地点：G60 科创云廊体验馆

活动内容：

1. 小队来到 G60 科创云廊体验馆，参观体验 360 度圆形环幕影院，感受多功能、全方位呈现的 G60 产业规划，思考与其他影院的不同之处和创新之处。

2. 在体验馆内，身临其境科技感十足的三维空间，感受光电沙盘与大屏幕二者联动带来的科技盛宴，寻找富有科技特色的图片和物件来体验云廊科创氛围。

六、活动延伸

1. 寻找"最美科技劳动者"

在 G60 科创云廊，能看到很多在平凡的岗位上做着最平凡工作的科技劳动者，而这些平凡工作，就像一颗颗小小螺丝钉，组成了 G60 科创云廊最美的一道风景线。请你找一找在这里的"最美科技劳动者"，看一看他（她）为 G60 科创云廊所做的贡献，在条件允许情况下，可以尝试体验劳动者的工作。

2. 探索"拉斐尔云廊"

G60 科创云廊匠心独具的商业综合体由著名建筑师拉斐尔·维诺里操刀设计，它如一条盘踞在长三角黄金高速路上的巨龙，还具有"拉斐尔云廊"的美名。夜晚，建筑屋顶上，云廊灯光秀华彩五光十色、绚丽夺目，宇宙星空、深海游鱼、绚丽花束、分裂的细胞、深空的航天员……11 万盏电脑联控 LED 灯织就意象万千的光影变幻，这也标志着上海又诞生一处全新的城市形象地标。不论是在现场观赏，还是在网络上欣赏图片和视频，都可以探

究主题灯光秀变换场景，联想寓意，画一画灯光秀的造型，在"十分钟队会"上与小伙伴一起分享城市的美好生活。

3. 分享"云廊打卡地图"

小队考察活动是少先队员实践过程的一部分，队员们通过文字、照片记录小队考察活动，并在回家后查找资料，搜集有关科创云廊建设发展过程和科创特色，整理文字和图片，做一张精美的"云廊打卡地图"，在动感中队"红领巾小主人"分享会中，向更多的队员介绍沪西南沿沪杭高速科技创新走廊上的一颗明珠。

活动方案二 牢记铭言 引领青春
——七年级中队铭言宣誓仪式

一、活动目的

铭言宣誓仪式是少先队教育组织的重要载体。在长三角 G60 科创走廊规划展示馆举行少先队铭言宣誓仪式，引导队员在城市科创新高地环境下，重温少先队铭言，从而坚定理想信念，增强少先队员的责任感和归属感。引导少先队员牢记于心、实践于行，从小事做起，践行少先队三句铭言。

二、活动地点

长三角 G60 科创走廊规划展示馆

三、活动对象

七年级队员

四、活动准备

项目	具体内容
人员要求	（1）主持人1名 （2）旗手1名；护旗手2名 （3）音乐控制1名 （4）铭言宣誓：中队长 （5）佩戴红领巾：中队长 （6）介绍优秀团员：中队辅导员、在G60工作的优秀团员 （7）摄影摄像2名 （8）参与仪式队员要求：会系红领巾、会敬队礼、会铭言宣誓、会呼号
物品准备	（1）中队旗、小队旗 （2）移动音箱 （3）相机 （4）横幅 　　　　　**牢记铭言　引领青春** 　　　　——七年级中队铭言宣誓仪式 　　　　　　　　　　　××年××月×日 （5）音乐：中国少年先锋队队歌、《出旗曲》、《退旗曲》

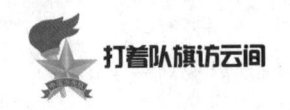

五、活动过程（主持稿见"活动资源链接"）

1. 中队仪式

（1）出旗；

（2）唱队歌；

（3）重温"少先队铭言"。

2. 比一比：队知识知多少

（1）接龙回答"少先队员十条修养"；

（2）举例说明"十个道德好习惯"；

（3）互动抢答"少先队的六种精神"。

3. 讲一讲：分享青春故事

请红领巾讲解员介绍一位在G60科创走廊内工作的优秀员工故事，队员分享故事感悟。

4. 议一议：践行铭言行动

（1）各小队讨论"铭言章"争章行动；

（2）小队交流与分享践行铭言的计划。

5. 总结

（1）辅导员总结；

（2）退旗。

6. 看一看

参观长三角G60科创走廊规划展示馆

基地九　长三角 G60 科创走廊规划展示馆

队员参观 G60 科创走廊规划展示馆

六、活动延伸

1. "雏鹰争章"活动

在活动中，结合七年级《雏鹰争章手册》中"铭言章"，把铭言行动记录在手册中，和队员一起分享自己的铭言行动计划，不断激励自己记住要求，心有榜样。

2. 寻找青春榜样

可以在家长志愿者和校外辅导员的帮助下，寻找 G60 科创走廊内工作的优秀团员，了解他们的故事，从他们身上看到共青团员坚毅、善良、团结、积极的品质，树立起向往共青团，热爱共产党的意识。

3. 参观 G60 展馆

队员参观长三角 G60 科创走廊规划展示馆，可以通过小队考察形式，了

解 G60 科创走廊的发展历史、功能布局和丰硕成果，并用文字、相机记录，在中队队会上和队员一起交流分享，一起感受松江科创的新生机和新力量。

了解 G60 科创走廊的功能布局

活动资源链接

牢记铭言　引领青春
——寻访长三角 G60 科创走廊规划展示馆七年级中队铭言宣誓仪式主持稿

★ 中队仪式

中队长：亲爱的少先队员，翻开历史长卷，少先队已经建队××年，今天，我们集结在鲜艳的五星红旗和队徽下，来到长三角地区科创驱动、融合发展、区域一体化高地——G60 科创走廊，一起开展少先队重温铭言仪式,下面我宣布:"牢记铭言　引领青春——七年级中队铭言宣誓仪式"正式开始!

（1）出旗

中队长:出旗!奏《出旗曲》!

（2）唱少先队队歌

中队长:全体立正,齐唱中国少年先锋队队歌。

（3）重温"少先队铭言"

中队长:队员们,我们入队至今已经第六年了,大家还记得我们少先队员的三句铭言吗?那就让我们一起来重温少先队三句铭言。请中队辅导员××老师带领全体队员宣誓。（中队辅导员说一句,队员说一句）

宣誓:以我所能,为祖国,为家乡尽责任,

随时准备帮助别人,

绝不向困难低头。

★ 比一比:队知识知多少

中队长:在《雏鹰争章手册》的"铭言章"中,为我们介绍了"少先队员十条修养"、"十个道德好习惯"和"少先队的六种精神",这是我们规范自身言行的标准,队员们前期已经进行了学习,今天我们一起来进行铭言知识竞答,看看哪个小队能牢记十条修养、十个道德好习惯和六种精神。

（1）接龙回答"少先队员十条修养"

中队长:各小队员队员,请接龙说出十条修养,答对加一分,答错不加分。

少先队员是诚实守信的人；少先队员是乐观开朗的人；

少先队员是文明礼貌的人；少先队员是有责任心的人；

少先队员是勇敢顽强的人；少先队员是勤劳俭朴的人；

少先队员是珍惜时间的人；少先队员是追求新知的人；

少先队员是热爱大自然的人；少先队员是健康向上的人。

（2）举例说明"十个道德好习惯"

中队长：你们知道十个道德好习惯吗？各小队队员请用具体事例来诠释十个道德好习惯，答对加一分，答错不加分。

微笑待人；每日为父母做件事；

主动打招呼；及时感谢别人的帮助；

按规则办事；说了就要努力做；

用好每一分钱；集体的事情一起干；

用过的东西放回原处；干干净净迎接每一天。

（3）互动抢答"少先队的六种精神"

中队长：接下来，各小队请抢答少先队的六种精神，答对加一分，答错不加分。

文明礼貌的<u>春风</u>精神；

团结守纪的<u>大雁</u>精神；

诚实纯真的<u>水晶</u>精神；

热心服务的<u>孺子牛</u>精神；

自动向上的<u>火箭</u>精神；

自强勇敢的<u>雏鹰</u>精神。

★ 讲一讲：分享青春故事

中队辅导员：队员们，G60科创走廊沿线是中国经济最具活力、城镇化水平最高的区域之一。在这里，有许许多多的优秀党员和共青团员为城市发展，做出自己的贡献。今天，我们请红领巾讲解员来为大家介绍一位G60科创走廊内的优秀员工，大家掌声欢迎！

（详见长三角 G60 科创走廊人物故事《一把额温枪，一群奋斗者》）

中队辅导员：额温枪顺利下线生产，其中苦困难重重，但是在团队的帮助下，他们克服一个个难题，与时间赛跑，为祖国的防疫工作做出了贡献。队员们，听完故事，你们有什么感受呢？

（队员分享故事感悟）

中队辅导员：队员们，为祖国争荣不在于年岁，只在于是否有这样的信念与勇气，责任与担当。希望大家都能故事中看到榜样的力量，这正是我们少先队三句铭言中的要求，我们要学习先锋人物，牢记为祖国、为家乡尽责任的铭言，将来立志报效祖国！

★ 议一议：践行铭言行动

（1）各小队讨论"铭言章"争章行动

中队长：队员们，少先队三句铭言提醒我们所有队员要成为有担当、勇敢、坚韧且有爱心的人。现在请各小队分别展开讨论，制定本小队的铭言行动计划。

（小队队员讨论铭言计划）

中队长：队员们，"随时准备帮助别人"是我们的铭言行动之一，在别人遇到困难时，你都做过哪些助人为乐的事情呢？请各小队讨论分享队员助人小事迹。

（2）小队交流与分享践行铭言的计划

中队长：请每个小队队员代表说一说铭言计划。

（队员发言）

中队长：请队员代表来谈一谈自己的助人小事迹。

（队员发言）

中队长：谢谢所有队员。希望大家用铭言来引领我们随时帮助有困难的

队员，其实在帮助他人的同时，我们也收获了友谊与快乐。今后我们要脚踏实地做好每一件事情，明确自身的努力目标去实现理想，做一名对祖国发展有贡献的先锋人物。有请中队辅导员××老师为我们讲话。

★ 总结

（1）辅导员总结

中队辅导员：队员们，铭言可以拆分成两个部分，第一个是铭，代表永远牢记的意思；第二个是言，代表说过的话。合并起来的意思就是永远牢记说过的话，希望全体队员能牢记少先队员的三句铭言，在个人铭言的共同激励下健康成长。希望在G60科创走廊参加这次铭言活动，使每位少先队员能牢记自己的使命，为实现中华民族伟大复兴的中国梦而不断努力。

（2）退旗

中队长：退旗，奏《退旗曲》。

★ 看一看：参观长三角G60科创走廊规划展示馆

中队长：下面我宣布："牢记铭言　引领青春——七年级中队铭言宣誓仪式"到此结束！接下来，请大家有序参观长三角G60科创走廊规划展示馆。

活动方案三　体验科技之光　感悟创新之美
——红领巾科技节大队启动仪式

一、活动目的

1.通过参观长三角G60科创走廊规划展示馆，让队员们了解G60科创走廊的建设，了解科技的迅猛发展，认识到科学技术在促进社会发展方面的重要作用。

2. 在科技体验环节，队员们通过亲自参与体验科技项目，体验科学奥妙，感受科技的魅力。

二、活动地点

长三角G60科创走廊规划展示馆

三、活动对象

三至八年级部分队员

四、活动准备

项目	具体内容
人员要求	（1）主持人2名 （2）旗手1名；护旗手2名 （3）"创客达人小集市"摊位工作人员若干名 （4）参加活动队员：熟背中国少年先锋队队歌2段歌词 （5）参加活动队员：提前在网上搜索资料，了解G60科创走廊故事
物品准备	（1）小队旗若干面（按小队数）、旗架1个、大队旗1面 （2）"创客达人小集市"科技实验物品（可提前联系相关公司） （3）移动音箱设备1套 （4）舞台背景 （5）音乐：《出旗曲》《退旗曲》《生长吧》《我们是共产主义接班人》、颁奖音乐

五、活动过程（主持稿见"活动资源链接"）

1. 出旗、唱队歌

全体起立，出旗，全体队员齐唱中国少年先锋队队歌，在歌声中感受作为少先队员的荣誉感、责任感。

2. 红领巾科创社团展示

科技社团表演遥控汽车、机器人跳舞、环保时装秀等节目。

3. 校少工委主任宣布科技节开幕

4. 科技节活动介绍

科技总辅导员介绍科技节相关活动。

探秘科技背后的奥秘

5. 校领导为各科技小队授小队旗

三至八年级队员提前分好小队，校领导为小队长颁发小队旗。

6. 呼号、退旗

7. 分小队体验科技项目

三至八年级部分队员6人1组分成6个小队，在创客达人小集市的摊位前打卡体验不同的科技产品和活动。如环保警察飞行棋、想象力无限的比特实验室、能够猜中你心中的AI机器人、水果弹琴、3D打印等。

8. 集体参观学习

体验完有趣的科技活动后，移步G60科创走廊，了解背后的科技原理与科创故事。

六、活动延伸

1. 梦想大调查

按照"从小学习做人、从小学习立志、从小学习创造"的要求，设立自己近期的努力目标，写下"我的梦想"。

2. "雏鹰争章"活动

在活动中，可以结合八年级《雏鹰争章手册》中"志愿者章"，学做科技馆小讲解员，并为实现自己的目标而努力奋斗。

活动资源链接

体验科技之光　感悟创新之美
——寻访长三角 G60 科创走廊规划展示馆红领巾科技节启动仪式主持稿

甲：尊敬的各位来宾，

乙：亲爱的辅导员老师、小伙伴们，

齐：大家早上好！

乙：我们是初升的太阳，

甲：迎着曙光，我们聚集在一起，

乙：共同参与 ×× 学校第 ×× 届红领巾科技节启动仪式。

甲：首先介绍出席本次活动的领导和嘉宾，他们是：

乙：让我们用热烈的掌声向他们表示欢迎！

甲："体验科技之光　感悟创新之美"——×× 学校第 × 届红领巾科技节启动仪式——

齐：现在开始！

甲：全体立正！出旗！敬礼。礼毕。唱中国少年先锋队队歌。

甲：校园有了文化，就有了深厚的底蕴；校园有了科技，就有了创新的活力。

乙：下面，让我们一起欣赏我校红领巾科创社团的精彩表演。

甲：科技节是创新的课堂，科技节是梦想的舞台。

　　科技节的舞台已经搭好，帷幕即将拉开。

乙：让我们用热烈的掌声有请我校少工委主任××老师致开幕词。

甲：接下来，有请我校科技总辅导员×老师为我们介绍本次红领巾科技节相关活动。

甲：今天，我们将在这里开启充满未知与精彩的科技旅程。

乙：队员们已经自动组成6个创客小队，请校领导为小队长授队旗。

甲：为着梦想时刻准备着，为了理想扬帆起航。

乙：让我们为红领巾增光添彩，增做新时代科创小达人。

甲：下面请全体起立！请大队辅导员×老师带领全体少先队员呼号。

乙：全体立正。退旗，敬礼。礼毕。

甲："体验科技之光　感悟创新之美"——××学校第×届红领巾科技节启动仪式——

齐：到此结束。

乙：请辅导员和队员们移步体验科技项目。

基地十 洞泾乡镇企业历史陈列馆

基地十　洞泾乡镇企业历史陈列馆

基地简介

洞泾乡镇企业历史陈列馆位于上海松江区素有"中国乡镇之星"美名的洞泾镇内。展馆总建筑面积约600平方米，展览面积约454平方米，以洞泾改革开放40年为脉络，分设"第一光线、光雕记忆、倒带长廊、重构世界"四个展示空间，利用多媒体、声、光、影等多种手法，回溯了改革开放以来，洞泾从乡到镇的城市化发展过程，本土乡镇企业丰硕的发展成果，立足历史，更洞见未来。

洞泾乡镇企业历史陈列馆不仅仅是一座展览馆，更是一个历史的坐标、当下的名片、未来的展望。在展馆中，陈列馆以洞泾为认知的起点，回溯历史，身经此处，远望未来；展示了像海欣集团这类杰出企业代表，作为洞泾发展浪潮的参与者，同洞泾一起打开一扇通往世界的大门。"参阅历史，沟通世界"是陈列馆的初衷。

同时，洞泾乡镇企业历史陈列馆以打造全国领先且独特的乡镇企业展示馆为目的，一如洞泾长久以来是中国乡镇发展的优秀典型，结合空间特点及其承载的内容主题，全力打造艺术性、国际范的复合型展览空间。陈列馆将"集体记忆"的复写和连接作为布展思路，既是对历史的盛赞，也将是上海这个未来智能都市的延伸。

人物故事：陈洪凌

陈洪凌的小产品大哲学

在陈洪凌的电脑里，收藏着一张发黄的照片。三个意气风发的青年，身后是连窗户也没有的厂房，这张照片正是陈洪凌团队创业初期留下的。他们和许多创业勇士一样，筚路蓝缕。

每一份成功都来之不易。虽然环境艰苦、前程艰难，但是陈洪凌和他的团队从来没有停下过创新、创造的脚步。

在创业初期，陈洪凌和他的两个朋友决定从生产汽车零部件做起。万事开头难，一个新问题摆在他眼前：做哪部分产品？

这时候，是专业知识给了他们方向。在汽车专业学院学习到的知识和技能成为了他们解决问题的扎实基础，他们发现了国内很多零部件与国外的区别，并以此作为出发点进行钻研。他们发现，轮胎气门嘴在中国是等到坏了再换，而在发达国家几乎是一年一换以确保安全，中国当时气门嘴几乎都是内胎式的，而发达国家绝大多数都是无内胎式的，由此他们决定从轮胎气门嘴下手。

开始做产品后，他没有墨守成规，而是从起点开始就重视创新，力求形成产品线，把同一个市场资源的价值放到最大。上海保隆能在短短几年成为世界汽车零部件企业里的领跑者之一，自主研发功不可没。

他们有一套自己的研发原则，先以门外汉的身份研究项目市场，再组织国产货源供应给售后服务市场，之后组织力量研究项目的技术，然后再尝试组织团队制造该项目，供应给售后服务市场，整个流程既有条理又有效扎实。通过这一原则扎实住根基后，再推向高端客户并做大，争取更进一步研究开发，以此领导行业、创造消费。

1997年，从创办上海保隆汽车科技股份有限公司以来，陈洪凌一直认为最大的竞争对手就是自己，认为只有不断反省自我、积极进取、开拓创新，才能一路向前发展。他心中一直牢记着"温水煮青蛙"的故事，深知处于温水中的青蛙最终的结果就是死亡，原因就是感受不到危机和压力。因此他们创新、创造的脚步没有停过，1997年研究气门嘴、1999年研究平衡块、2001年研究排气管、2002年研究轮胎压力监测系统、2003年研究快修服务连锁店，一直到2006年研究电子气泵，他们一路挑战自己。

"在多个前期研发成果有望产业化的今天，我们没有自满，相反，我们设定了两个'转变'的目标，作为该目标的一个后续支撑力量，技术中心应运而生，它标志着我们要更加努力地研究并整合新材料、新工艺、新技术，创造新产品，提升性价比，以提升汽车工业水平！"这是陈洪凌的新年贺词，是对保隆科技这些年创新的总结，也是对所有正在追逐梦想的人的一个忠告，不论是学习，还是工作，在奋力前进的路上，每一位"追梦人"都有机会取得阶段性小成就，只有不自满，保持着不断自省、不断创新的劲头，才能走得更长远。

打着队旗访云间

> **学生读后感**
>
>   小产品也有大哲学，我们做任何事情都一定要多思考、多研究。这是我从陈洪凌叔叔身上学到的。
>
>   了解了陈洪凌的故事后，我才明白，成功背后都是不容易。陈洪凌的创业开始得很艰难，企业成长得更艰难，因为中国的汽车制造并没有非常成熟，他们必须从零件开始，一点点地去研究。他们知难但不畏难，一个个专利发明的成功申请，就是他们迎难而上最好的回报。更加令我感动的是陈洪凌叔叔和他的团队一直坚持创新，哪怕是在他们已经成功以后，也没有停下前进的脚步。
>
>   我要向他们学习，不要做那只被温水煮着的"青蛙"，要迎着压力和挑战前行。
>
> ——上海市松江区洞泾学校五（3）七色花中队 陆子墨

（本故事参考：行知部落，《陈洪凌的小产品大哲学》，https://www.xzbu.com/3/view-10613972.htm）

小知识测一测

1. 20 世纪 70 年代以后，人们在改革春风的吹拂下，从_____的现代发展，洞泾人拥有了第一台 16 寸的黑白电视机。（　　）

　　A. 农业集体化生产向机械化

　　B. 机械化向农业集体化生产

2. 20 世纪 80 年代随着洞泾的发展，以_____为龙头，洞泾乡镇企业迎来了黄金时期。（　　）

　　A. G60 科创走廊

　　B. 海欣集团为代表的毛纺企业

3. 20 世纪 90 年代，洞泾收获了乡镇之星和全国乡镇投资环境 100 强等荣誉，出口外汇屡创新高的_____成功上市，洞泾在全国以及世界上打响名头！（　　）

　　A. 人工智能产业链

　　B. 海欣集团

4. 2000 年以后，人民生活丰富多彩，家电应有尽有。_____确确实实成为地方经济的支柱，最新规划的工业园区，将为洞泾发展的招商引资注入新鲜血液。（　　）

　　A. 农业经济

　　B. 工业经济

5. 成立于 1986 年的海欣集团，经过 30 多年的发展，由一家从事_____

制品生产销售的制造加工型企业，发展成为同时在 A、B 股上市的，集纺织服装、医药、金融投资和工业地产开发为一体的多元化投资控股集团。（　　）

  A. 动物长毛绒

  B. 人造长毛绒

 6. 未来洞泾将着力提升_____、_____等领域的自主研发设计、生产制造和集成服务能力和水平，打造世界瞩目的卓越科创小镇，致力于_____让人类的生活更美好。（　　）

  A. 智能机器人、人工智能、人工智能

  B. 智能机器人、人工智能、智能机器人

 7. 你认为，改革开放的春风为洞泾乡镇企业带来了什么改变？

_____

 8. 如果让你到洞泾镇进行一次项目投资，你会选择什么项目？为什么？

_____

参考答案

1. A 2. B 3. B 4. B 5. B 6. A 7. 略 8. 略

实践活动方案

活动方案一　改革开放新发展　童眼慧心看家乡
——小队寻访活动

一、活动目的

通过寻访洞泾乡镇企业历史陈列馆，了解改革开放为祖国带来的翻天覆地的变化，激励队员更加热爱自己的祖国、珍惜今天美好幸福的生活，团结一致、艰苦奋斗、发愤图强，明白幸福生活要靠智慧和劳动来创造。

二、活动地点

洞泾乡镇企业历史陈列馆

三、活动对象

××小队队员、中队辅导员或校外辅导员

四、活动准备

项目	具体内容
人员要求	（1）旗手1名 （2）中队辅导员或校外辅导员若干名
物品准备	（1）小队旗1面 （2）平板电脑（辅导员用）、照相机或其他摄影设备 （3）记录本、笔
活动准备	（1）提前确定时间，联系场馆，预约讲解员 （2）小队集结在洞泾乡镇企业历史陈列馆门口广场，报告人数

五、活动过程

1.走进场馆，了解洞泾乡镇企业的"前世今生"

聆听场馆负责人介绍洞泾乡镇企业历史陈列馆的设计理念，参观展馆内的四大空间展区，总结空间展区内容。

空间1 "第一光线"——矩阵空间墙面上，记载从1960年开始至今的洞泾镇经济发展数据以及其中涌现出的了不起的乡镇企业，洞泾人民发扬奋斗精神，经历了从无到有、从小到大、由弱变强的巨大变化。

空间2 "光雕记忆"——呈现了改革开放以来，乡镇企业波澜壮阔的发展，经历了复苏时期、高速发展时期、整顿时期、调整与改革时期、继续深化改革时期等几个阶段。

空间3 "倒带长廊"——讲述了洞泾紧跟改革开放的步伐，从提升农业发展质量到推进乡村工业发展，从大力发展乡镇企业到吹响G60科创走廊洞泾人工智能产业基地建设的号角，顺利完成了从农耕文明到工业文明、从传统手工业到人工智能的华丽转身。

空间4 "重构世界"——主要介绍了洞泾乡镇企业领军者海欣集团的蜕变，和洞泾乡镇企业们坚持维护生态的发展理念。未来洞泾将着力提升智能机器人、人工智能等领域的自主研发设计、生产制造集成服务能力和水平，借G60之东风，打造世界瞩目的卓越科创小镇，致力于利用人工智能让人类的生活更美好。

了解洞泾乡镇企业的"前世今生"

2. 分小组在辅导员平板上抽取空间任务单，根据任务二次寻访相关展区

（1）空间1任务单：浏览墙面及沙盘，记录企业名称。

（2）空间2任务单：观摩巨幕影片，总结改革开放以来，洞泾由乡镇企业带动当地经济增长、业态形成、生活环境与生态环境改变的发展历程。

（3）空间3任务单：观摩圆盘机，小队成员用圆盘机模拟纺织过程。

（4）空间4任务单：边观察边思考，在记录本上用简笔画绘制心中未来

的"人工智能小镇"洞泾。

3. 完成任务单，在空间4处集合，围坐桌前，进行队内交流

（1）改革开放以来，洞泾乡镇企业为洞泾镇带来哪些历史性的改变？

（2）你们从劳模身上感受到了哪些值得我们学习的精神？

（3）你能为未来洞泾企业发展，提出哪些意见和建议？

六、活动延伸

1. 采访新、老洞泾人

小队成员深入洞泾各个社区，采访参与、见证洞泾企业对洞泾发展影响的老洞泾人，前往洞泾镇镇府和洞泾镇文化中心查阅资料，采访近年引进的人才和人工智能产业的技术人员，从人才需求方面的变化感受祖国的飞速发展。

2. 小队寻访活动之小调查

小队成员在认识了洞泾乡镇企业历史陈列馆中的企业后，可以开展后续的小队活动，即调查一下场馆中展示的企业，哪些已经消失了，哪些还依旧存在，探寻这些企业消失或留存的原因。

活动方案二　追寻改革足迹　传承先辈精神
——中队主题活动

一、活动目的

了解乡镇企业发展的历史，学习劳动模范人物的先进事迹，体会劳动创造财富、勇于开拓创新的精神。在回顾乡镇企业奋斗之路及未来突破的过程中，感受科技创新，鼓励少先队员立下远大志向，承先辈开拓创新的精神，努力成长为能够担当民族复兴大任的时代新人。

二、活动地点

洞泾乡镇企业历史陈列馆

三、活动对象

六年级中队队员、中队辅导员

四、活动准备

项目	具体内容
人员要求	（1）仪式主持人2名 （2）仪式旗手1名、护旗手2名 （3）讲故事少先队员2名 （4）中队辅导员1名

（续表）

项目	具体内容
物品准备	（1）主持稿2份、改革开放知识问答题目1份、中队辅导员讲话稿1份 （2）移动黑板1块、心愿墙便利贴若干张 （3）采访视频1份 （4）音乐：《出旗曲》《退旗曲》《我们是共产主义接班人》《没有共产党就没有新中国》

五、活动过程（主持稿见"活动资源链接"）

1. 宣布开始。

2. 出旗（奏《出旗曲》，全体队员敬礼）。

3. 唱队歌《我们是共产主义接班人》。

4. 回首往昔，寻百年变迁（"四史"故事小竞答；参观陈列馆，聆听讲解员讲解；交流聆听后的感受）。

5. 珍惜当下，讲劳模故事（参观劳模墙；小讲解员讲劳模故事；队员分享劳模故事；交流体会）。

6. 展望未来，践科技兴国（采访场馆人员，了解企业困境；场馆人员介绍企业的科技创新带来转变与契机）。

7. 追寻足迹，传先辈精神（唱《没有共产党就没有新中国》；贴心愿之墙；齐诵《少年中国说》）。

8. 中队辅导员总结。

9. 退旗（奏《退旗曲》，全体成员敬队礼）。

10. 宣布仪式结束。

六、活动延伸

1. 写一写活动感受

通过本次中队主题活动，让少先队员在形式多样的活动中，了解改革开放对洞泾发展的积极影响，感受先辈的辛勤劳动、开拓进取的精神，让队员们写下自己的活动感受，进一步激发少先队员追寻改革足迹、传承先辈精神的思想情感。

2. 讲一讲"四史"故事

借助洞泾乡镇企业历史陈列馆这一场馆资源，引导少先队员们了解在改革开放时期为松江的发展做出杰出贡献的人物的事迹，促进松江发展的各大历史事件，从而激发少先队员们学习"四史"，认同中国共产党的爱国情怀。

了解洞泾乡镇的发展历史

活动资源链接

追寻改革足迹　传承先辈精神
——寻访洞泾乡镇企业历史陈列馆中队主题活动主持稿

甲：敬爱的辅导员，

乙：亲爱的队员们，

齐：大家下午好！

乙：历史的长河源源流淌，如同我们身上流淌的血液，让我们从四面八方相聚在这里。

甲：改革的号角嘹亮奏起，应和中华民族高唱的勤劳美德，使我们从艰难险阻跨越到这里。

乙：追寻改革的足迹，我们不能忘记过去的岁月。

甲：传承先辈的精神，我们终将接过建设的旗帜。

乙：今天，我们相聚在这里，在洞泾乡镇企业历史陈列馆举行"四史"学习主题活动。

齐：我宣布"追寻改革足迹　传承先辈精神"——中队主题活动，现在开始。

★ 出少年先锋队队旗

甲：全体起立，出队旗，敬礼。（音乐《出旗曲》，少先队员敬礼）礼毕！

★ 奏唱中国少年先锋队队歌

乙：唱中国少年先锋队队歌。（音乐《我们是共产主义接班人》完整两段）

基地十　洞泾乡镇企业历史陈列馆

★回首往昔，寻百年变迁

甲：改革开放为我们的生活带来了翻天覆地的变化。今天，让我们组织开展一次"改革开放知识小竞赛"。请4名队员代表参与挑战。

乙：请听题！

（改革开放知识小竞赛）

甲：回首往昔，百年变迁实属不易。让我们一起走进洞泾乡镇企业百年变迁的故事。

（参观洞泾乡镇企业历史陈列馆）

乙：参观了陈列馆后，你有什么想分享的吗？

（参观体会，说说百年发展）

★珍惜当下，讲劳模故事

甲：不负乡民众望，劳模最为努力。劳模照片上墙，劳模精神长传，功臣形象亮相，功臣当有荣誉！

（参观劳模墙）

乙：艰苦奋斗，矢志不移，心系集体，倾情倾力，苦干巧干，带头进击，添砖加瓦，业绩亮丽。我们一起来听听劳模的故事。

（讲解员讲劳模故事）

甲：队员们也带来了他们了解的劳模故事，请队员讲一讲。

（队员讲劳模故事）

乙：队员们，劳模的故事激励着我们，你有什么启发？

（队员交流体会）

★展望未来，践科技兴国

甲：今日之繁荣，来自昨日之祭奠。乡镇企业一路初心探路，改革辟路，开放拓路，科创引路。一路奋进入胜境。我们邀请了讲解员姐姐进行采访。

287

队员1：洞泾乡镇企业在发展的过程中是否遇到过难以跨越的困难？

（讲解员解答）

队员2：他们是如何跨越，解决难题的？

（讲解员解答）

队员3：现代高科技给他们带来了什么契机？

（讲解员解答）（场馆人员进一步介绍企业的科技创新带来转变与契机）

★ 追寻足迹，传先辈精神

甲：内心的感动无法言表，激昂的乐曲已经奏响。

乙：让我们一起高歌《没有共产党就没有新中国》。

（唱红色歌曲《没有共产党就没有新中国》）

甲：队员们，先辈们用他们勤劳的双手创造了我们今天的美好生活；未来，需要我们携手奋斗，让我们许下自己的心愿，贴在心愿墙上。

（贴心愿墙）

乙：小小的心愿已经播种，

甲：大大的志向即将远航。

乙：让我们将自己的爱国情怀向世界宣告！

（齐诵《少年中国说》）

★ 中队辅导员总结

甲：最后，请中队辅导员××老师对本次活动进行总结。

★ 退旗（奏《退旗曲》，全体成员敬队礼）

乙：少先队员们，全体立正，退旗，敬礼！（礼毕）

★ 宣布仪式结束

甲：我宣布："追寻改革足迹　传承先辈精神"——中队主题活动，到此结束。

活动方案三　祖国发展我成长　五星红旗迎风扬
——五年级毕业典礼暨五星红旗章颁章仪式

一、活动目的

以"四史"学习为抓手,争"五星红旗章"为契机,引导少先队员了解在党的领导下祖国取得的辉煌成就,体会来之不易的幸福生活。树立为了祖国更加富强而刻苦学习、奋力拼搏的思想,认识到只有坚持走中国特色社会主义道路,才能实现伟大的中国梦。

二、活动地点

洞泾乡镇企业历史陈列馆

三、活动对象

五年级全体少先队员、五年级全体中队辅导员、学校少工委

四、活动准备

项目	具体内容
人员要求	（1）主持人2名 （2）中队辅导员讲话1名 （3）队员代表讲话2名 （4）颁发五星红旗章：各中队辅导员 （5）颁发毕业证书：学校少工委主任 （6）带领呼号：大队辅导员
物品准备	（1）中队旗（按中队数）、大队旗1面 （2）移动音箱等设备1套 （3）五星红旗章（按人数） （4）音乐：《出旗曲》《退旗曲》《小小追梦人》《我们是共产主义接班人》

五、活动过程（主持稿见"活动资源链接"）

1. 队仪式（宣布仪式开始；出旗，唱队歌）；

2. 改革开放史学习感悟（队员代表1讲话）；

3. 展馆参观感悟（队员代表2讲话）；

4. 颁发五星红旗章；

5. 中队辅导员代表讲话；

6. 颁发毕业证书；

7. 重温入队誓词；

8. 呼号；

9. 退旗，宣布结束。

六、活动延伸

1. 开展一次主题队会

仪式进行前，通过查找资料，在少先队活动课中开展"喜看国家新发展"活动，分享交流祖国发展历程中世界瞩目的盛事，深化"四史"学习。

2. 进行一次小队活动

分小队举行主题为"听妈妈讲改革开放的故事""我们的幸福生活"交流活动，进一步内化为了祖国更加富强而刻苦学习、奋力拼搏的思想。

活动资源链接

祖国发展我成长　五星红旗迎风扬
——寻访洞泾乡镇企业历史陈列馆五年级毕业典礼暨五星红旗章颁章仪式主持稿

甲：亲爱的小伙伴们，

乙：尊敬的辅导员们，

合：大家，下午好！

甲：祖国发展我成长，我们是新世纪的太阳；

乙：祖国发展我成长，我们是祖国的未来和希望；

甲：每一次仰望高高飘扬的五星红旗，心中便会腾起一团熊熊的爱国火焰；

乙：每一次深情地唱起庄严的国歌，作为中国人的自豪感便油然而生。

★ 队仪式

甲：我骄傲，我有一个强大的祖国；

乙：我庆幸，我有一个伟大的祖国；我歌颂，我有一个英雄的祖国！

甲：可爱的祖国啊，你牢牢把住新世纪的航舵。你用速度，你用实力，创造震惊世界的奇迹。

乙："祖国发展我成长　五星红旗迎风扬"——五年级毕业典礼暨五星红旗章颁章仪式——

合：现在开始！

★ 出中国少年先锋队队旗

甲：全体立正！出队旗，敬礼。（音乐《出旗曲》）礼毕！

★ 奏唱中国少年先锋队队歌

甲：奏唱中国少年先锋队队歌。（音乐《我们是共产主义接班人》完整两段）

★ 分享改革开放史学习感悟、展馆参观感悟

乙：队员们，在共产党的正确领导下，我们拥有了幸福的生活，作为少先队员的我们，不仅要铭记历史，从小立志，更要勇担重任，学习创造。下面请队员代表宣讲改革开放史学习感悟，大家欢迎。

★ 展馆参观感悟

甲：先辈们的精神是我们宝贵的财富，让我们铭记于心，刚才我们一同参观了洞泾乡镇企业历史陈列馆，看到了一代代人为了美好生活拼搏努力。

乙：相信队员们已经在心中立下远大志向，并为此制定了详细的计划。有请队员代表分享参观感言。

★ 颁发五星红旗章

甲：有请各中队辅导员为五年级全体队员颁发五星红旗章，希望队员们为了祖国更加富强而刻苦学习、奋力拼搏。（音乐《小小追梦人》）

★ 辅导员讲话

乙：我们的辅导员们也有嘱咐的话与我们说，有请中队辅导员代表致辞。

★ 颁发毕业证书

甲：忘不了，那一张张和蔼可亲的面庞，忘不了，那一声声亲切朴实的教导，今天，我们即将结束五年的小学生活，迈向初中迎接新挑战。

乙：今天，我们就要告别小学，满载多年来采撷的累累硕果，承载着母校师生的切切深情。

甲：有请校少工委主任为五年级队员代表颁发毕业证书。（音乐《小小追梦人》）

★ 队旗下宣誓

甲：历史将革命的接力棒传给了我们。今天，让我们在改革开放的伟大成果中，重温庄严的誓言。请大队委员代表××带领我们宣誓。（大队长带领宣誓）

代表：少先队员们，全体起立，举起拳，跟我宣誓：

"我是中国少年先锋队队员。我在队旗下宣誓：我热爱中国共产党，热爱祖国，热爱人民，好好学习，好好锻炼，准备着：为共产主义事业贡献力量！"宣誓人：＿＿＿＿＿＿

甲：一句句誓言，一个个决心都是新队员的心声。让我们牢记星星火炬下的誓言，用实际行动为祖国添砖加瓦，为红领巾增添光彩！

★ 呼号

乙：最后，请校大队辅导员带领大家呼号！

大队辅导员：准备着，为共产主义事业而奋斗！

全场合：时刻准备着！

甲：我们是光荣的少先队员，我们是中国特色社会主义事业的建设者和接班人。

乙：让我们牢记和践行党的教导，立志向、有梦想，热爱党、热爱祖国、热爱人民，从小学习做人、从小学习立志、从小学习创造，投身到祖国新蓝图的建设中去！

★ 退旗，宣布结束

甲：全体立正！退旗！敬礼！（音乐《退旗曲》，全体敬礼）礼毕！

乙：我宣布"祖国发展我成长　五星红旗迎风扬"——五年级毕业典礼暨五星红旗章颁章仪式——

合：到此结束！

后 记 | AFTERWORD

原共青团中央书记处第一书记陆昊同志在全国少工委五届五次全委会上指出：作为一个思想性、政治性很强的组织，少先队要强调思想层面，特别要注重党、团、队的组织意识衔接，非常重要的是灌输培养少年儿童对党和社会主义祖国的朴素情感。在这个问题上不能动摇、不能含糊、不能放弃、不能遗忘，不能在五彩缤纷、丰富多彩的活动过程当中丢掉这一根本任务。结合新时代，少先队如何围绕"聚焦政治启蒙与价值观塑造"主责主业，如何适应21世纪少年儿童的新特点开展工作，加强少先队教育的针对性和实效性？于是，近年来根据上海市松江少工委结合地域优势精心打造的"打着队旗去考察"项目，我们共同编撰了《打着队旗访云间》一书。

本书使用对象主要是广大少先队工作者，有大中队辅导员、校外辅导员、家长辅导员、社区志愿辅导员等。本书具有以下四个特点。

1. 政治性强

中国少年先锋队是党创立和领导的中国少年儿童的群团组织，是建设社会主义和共产主义的预备队。本书编撰团队聚焦少年儿童政治启蒙和价值观塑造，结合地域特色创新开展实践活动，在"打着队旗去考察"活动中发

挥少先队组织教育、实践教育和自主教育优势，力争为祖国培养共产主义接班人。本书精选十个具有松江地域特色的实践基地，其中既有革命烈士纪念基地，如"侯绍裘革命烈士红色教育基地""陈云与松江地区农民暴动史料馆"；也有具有时代特色的实践基地，如"松江城市发展规划馆""长三角G60科创走廊规划展示馆"。我们带领少先队员在这些基地寻访中，聚焦传承红色基因，聚焦新时代人民城市建设，大力培养少年儿童对党和社会主义祖国的朴素情感，从小培育他们的共产主义理想和道德萌芽，从小培育和践行社会主义核心价值观。

2. 应用性强

书中编写了十个基地寻访内容，每个基地由"基地简介""人物故事""小知识测一测""实践活动方案"四个部分。队员在基地历史事件、人物故事寻访中了解松江历史，感知家乡变化，厚植家国情怀、增进爱国情感。活动方案关注队员年龄差异，活动设计遵循队员成长规律和身心发展需求，既有适合小学队员开展的活动，也有适合中学队员开展的活动；考虑到辅导员志愿者队伍身份的差异，活动方案中有适合家长及校外志愿者参与辅导的小队活动，也有适合中队辅导员参与的中队活动和适合大队辅导员指导的大队活动。

3. 凸显实践育人

少先队的建设要将队组织这个小社会与大社会联系起来，引导队员走出校园、融入社会，主动参与社会生活，了解、关心和服务社会，在真实生活体验中培养社会责任感，促进队员社会化进程。少年儿童在基地寻访活动中获得真实感受，由最初的内心体验逐步转化为行为的改变。在社会实践活动中，社会生活体验就是教材，少年儿童既是受教育者也是教育者。本书提供的各类大中小队基地寻访活动就是少先队员实践的具体形式和载体，队员在主题鲜明的实践活动和社会体验中孕育远大理想、培育共产主义萌芽、养成良好习惯，为队员终身发展奠定基础。

4. 发挥协同育人

少先队按照社会发展和需求培养人，队的辅导要依靠全社会协同培养人。本书中提供的基地寻访活动，由学校少工委牵头组织，社会实践教育基地协同开展，动员家长、社区人员共同参与，体现了少工委组织与学校、家庭、社区和社会联建共育的方式。本书的活动方案融入了思政类学科实践教学、相关主题教育活动、校园集体活动、课后服务和假日托管等，以期通过开展跨学科、跨领域的实践活动丰富队员的成长经历。

本书由干桂凤担任主编，依托松江区大中队辅导员共同编写。具体编写分工如下：基地一由赵轶男、姜月、汪竹君编写；基地二由谢懿君、杨华、钱凤萍、吴伟红、刘超伟、周靖瑶、黎媛编写；基地三由姜慧、陈晓婷编写；基地四由富佳雯、白玲、夏迪、蒋涵宇编写；基地五由林丽玲、颜怡霞编写；基地六由吴双、武艳霞、周晓彬编写；基地七由沈达、张璐君、高闻编写；基地八由刘文慧、谢秀娟、朱臻好编写；基地九由欧阳婧琪、焦琪编写；基地十由秦晓雯、顾黎凤编写。

本书在编写过程中难免存在疏漏，敬请广大少先队工作者在使用过程中提出宝贵意见。